商业4.0

网商时代的来临

罗义鸣 / 著

SPM 南方传媒 | 广东经济出版社

·广州·

图书在版编目（CIP）数据

商业 4.0 : 网商时代的来临 / 罗义鸣著 . — 广州 : 广东经济出版社 , 2024.9
ISBN 978-7-5454-9145-6

Ⅰ . ①商… Ⅱ . ①罗… Ⅲ . ①商业模式 – 研究 Ⅳ . ① F71

中国国家版本馆 CIP 数据核字（2024）第 019572 号

责任编辑：周伊凌　郭艳军
责任校对：黄思健
责任技编：陆俊帆
封面设计：华夏长鸿 HUA XIA CHANG HONG

商业 4.0：网商时代的来临
SHANGYE 4.0:WANGSHANG SHIDAI DE LAILIN

出 版 人：刘卫平
出版发行：广东经济出版社（广州市水荫路 11 号 11 ～ 12 楼）
印　　刷：广东虎彩云印刷有限公司
（东莞市虎门镇黄村社区厚虎路20号C幢一楼）

开　　本：730 毫米 ×1020 毫米　1/16　　印　　张：7.5
版　　次：2024 年 9 月第 1 版　　印　　次：2024 年 9 月第 1 次
书　　号：978-7-5454-9145-6　　字　　数：104 千字
定　　价：58.00 元

发行电话：（020）87393830
广东经济出版社常年法律顾问：胡志海律师
如发现印装质量问题，请与本社联系，本社负责调换

推荐序

FOREWORD

《商业 4.0：网商时代的来临》是一部对当今商业模式现状及未来商业模式走势进行思考和分析的图书。全书逻辑严密、立意新颖、观点独到。

当今世界正处于百年未有之大变局，尤其是互联网技术的不断进步给我们的工作和生活带来了极大改变。这种改变有利也有弊，而利弊如何衡量？未来的发展趋势又会怎样？例如，网络互联对实体店铺的冲击是会一直存在还是到了一定程度就会停止？对个人隐私信息的泄露能不能从根源上进行遏制？诚信问题能不能借助互联网得到根本性的改善？互联网数据的安全又能不能得到根本性的保障……这些是值得每一个人深思的问题，也是与每一个人息息相关的问题。而此书正是要以一个全新的视角来探索这些问题的答案，并试着勾勒出未来商业世界的大致轮廓！

当然，未来的商业模式究竟是什么样的？没有人能给出一个确切的答案，但有一点是肯定的，那就是：变。未来的商业模式一定会变，这一点毋庸置疑。

就个人而言，我的企业的销售模式在 2023 年以前和大多数企业一样也是传统销售模式。到处开店，到处开展商品展销活动，虽然很努力，但一直无法走得太远，尤其是三年疫情的影响，更是让产品销量跌到了谷底。后来企业开始向数字经济转型，抛弃传统销售模式，采用线上线下相结合的商业模式，企业的生产、销售、纳税、就业等都实现了数倍增长。

近年来，各行各业都发生着翻天覆地的变化，未来的商业模式一定不会是某一种单一的模式，而是线上线下相结合的多元化模式；我们应转变旧思维，创造新模式，否则将跟不上时代的步伐。

世界经济增长需要新动力，数字经济伴随新一代科技创新发展应运而生，《商业 4.0：网商时代的来临》这本书启发读者与互联网技术发生密切关系，我们应该跟随世界的变化而变化。

此书的作者罗义鸣先生是我的同事，书稿完成时他就第一时间拿给了我，并征求我的意见。看过之后我觉得写得很不错，就鼓励他出版，并尽我最大努力给予了一些帮助，于是此书就提上了出版日程。他说此书我是第一位读者希望我能写一个序，于是我就按照我的理解和我自己的人生经历作了这篇序，希望能对广大读者朋友有所帮助。

《商业 4.0：网商时代的来临》这本书既浅显也深邃，浅显是语言的浅显，深邃是思想的深邃。如果你有闲暇的时光，不妨来读一读，这样至少能让我们审视未来的时候多一个视角，规划未来的时候多一种思路。

吴绪文
2024 年 7 月 6 日

前言：“网商”新解

PREFACE

商业发展大致可以分为以下四个阶段。

第一个阶段是行商，也就是商业 1.0 时代。在这个阶段，我们想要把商品卖出去，就得亲自行动。走街串巷，吆喝叫卖，这是最原始的一种商业模式。

第二个阶段是坐商，也就是商业 2.0 时代。在这个阶段，我们不需要走街串巷、不需要四处奔波，只需要一间实体店铺，每天坐在店铺里等生意上门就可以了。

第三个阶段是电商，也就是商业 3.0 时代。在这个阶段，我们不仅不需要出去找市场，甚至连实体店铺也不需要了，只需在电商平台注册一个虚拟店铺就能实现商品交易。这种商业模式是近二三十年来随着互联网的兴起而发展起来的一种新模式，虽然它出现的时间最短，但是生命力却最强，已经将实体店铺的生意“抢”走了一大半。

第四个阶段是网商，也就是商业 4.0 时代。这是一个全新的商业时代，虽然目前尚处于萌芽阶段，但它的到来已成必然。它也必将颠覆人们对于商业的认知，改变我们的销售方式及消费习惯，对整个商业环境乃至生活环境都产生影响。

网商并非新名词，但目前，我们对于它的理解大多仅仅停留在电商层面，认为通过电商平台从事的商业活动就是网商，这是一种狭隘的理解。真正的网商是指通过线上、线下及物流将所有的销售主体及消费主体进行全方位、高效率网络互联的一种商业模式。

就目前而言，我们的商家、商品、消费者等，只是实现了部分联网，并没有实现全部联网。许多实体商店及生产厂家还没有开通网上销售渠道，许多年龄较大或思想较保守的消费者还没有注册网络账号进行网络消费。但这种现象会随着时代的发展而改变。就像手机的普及一样，三十年前如果你拥有一部手机，人们会认为是件很稀奇的事，而现在已经完全反过来，那些没有手机或者不用手机的人成了另类。并且，在电脑和手机等智能设备的应用方面，十五六岁的孩子会比五六十岁的老年人要懂得多。也就是说，随着老一辈人的离去，新一辈人利用电脑和手机等智能设备进行网络销售或网络消费，已成为一种普遍趋势。所以，未来一切的商业活动都将基于网络互连、基于线上线下的一体化来开展，而这才是真正的网商，真正的商业 4.0 时代。

当然，也可以这样理解：网商 = 电商 + 坐商 + 行商。网商是对目前所有商业模式的一种整合和优化，是一种去劣存优、去伪存真的全新商业模式。

在网商模式下，线上电商卖家将与线下实体店商家合作，让消费者对线上产品的售前体验需求得到满足。同时，仓储业更发达，物流时效进一步提高，几乎所有线上卖家都可实现就近发货，隔天到、当天到甚至马上到成为常态。在网商模式下，线下实体店都会入驻线上平台，实现线上、线下双渠道销售，而消费者的购物方式也会更加多样：可选择线下体验、线上下单，也可选择搜索附近商店直接进店购买，还可选择商家送货上门或者自己到店自提。在网商模式下，我们的信用体系和数据安全系统会进行重构，所有卖家与买家都会有一个真实而公平的网络身份和信用标签，所有的核心数据都将被层层保护，商家和平台无法非法获取消费者的隐私信息，消费欺诈、恶意索赔、霸王条款、隐私泄露等不公平的商业现象和安全隐患都将成为历史。

总之，未来的商业活动不再是一种简单的或者单一的线上或线下行为，而是线上与线下并行、网店与实体店同步的多样化模式。也只有通过这种模式，商家才会有更多的销售途径，消费者才会有更多的选择，产品才会越来越具有竞争力，商业秩序才会越来越完善，消费环境才会越来越安全。

目　录

CONTENTS

上篇：旧商业模式的没落

下篇：新商业模式的兴起

上篇：
旧商业模式的没落

一、费力不讨好的地摊

1. 地摊的落后性

地摊，是最原始的一种商业模式，也是行商经济的典型代表。因为它简单、便捷、成本低，所以长久以来一直受到人们的青睐。有很多人更是把它当成了创业的起点、走投无路时的救星。“没工作，先摆个地摊赚点生活费”“薪资太低，摆个地摊补贴一下家用”“经济不景气，开放地摊缓解下就业压力”……一时间，地摊仿佛成了人们手中最后的救命稻草。

虽然地摊门槛低、上手快，对我们的生活乃至生存也会有一定的帮助，但在科技高速发展的今天，它所表现出来的落后性也越来越明显。

不可否认，地摊是一种低投入的“小本生意”，在资金成本上确实节约了不少开支。比如，房租、装修费、水电费等，但在节约资金成本的同时，人力成本和时间成本却相应地增加不少。比如，每次出摊都要花费大量的时间和精力去运输货物、装卸货物以及摆摊收摊；如果遇上恶劣天气，还有可能面临货物被淋湿、被掀翻或被吹走的风险。

我们常说生活不易，也常常认为摆地摊就是生活不易最形象、最真实的写照，并为此感叹，但地摊经济的商业模式就是如此。商业模式不改变，命运结局也就无法改变。

地摊是以人的体力、精力、时间、汗水等来换取利润，虽然它的利润空间有限，但在某种程度上具有一定的优势。如消费者能直接看到、摸到物品，

能通过砍价的方式，购买到自己喜欢的物品。不过在科技高速发展的今天，这样的模式在一定程度上落后于时代的发展。

2. 地摊的局限性

由于地摊是用最原始的方式，以人的时间和精力来换取利润，而人的时间和精力又是极其有限的，所以地摊能带来的收益也就极其有限。一位地摊经营者如果想获得更多收益，只能投入更多的时间和精力，而他总共的时间和精力又能有多少呢？

以卖葱油饼的摊点为例。如果按一天工作 10 个小时，平均一个小时卖出 30 个饼来计算，一天只能卖出 300 个饼。如果想要赚得更多，即使不吃不喝、不睡觉，一天工作 24 个小时，那么一天也只能卖出 720 个饼。这就是极限，是收益的极限，也是经营者时间和精力的极限，而且还未考虑摊主身体是否吃得消、是否一天 24 小时都有生意等。

这是从纵向的时间上来看，再从横向的空间上来看，地摊也有着很大的局限性。

地摊，无论摊主把它摆在什么位置，即使是火车站或者旅游景区，能看见它的客户也是有限的；无论吆喝声有多大，即使是把嗓子喊破、把喇叭音量调到最大，能听见的客户也是有限的；无论摊主走多远的路，即使从街头走到街尾，从东区走到西区，能见到它的客户还是有限的。并且，摆地摊必须亲力亲为，请不了员工，开不了分店，一人一摊，各自经营。又如，今天去火车站摆摊，那么就只能错过景区的游客；明天去景区摆摊，那么火车站的生意就没法做了。所以，无论摊主怎么努力，地摊经济的市场空间和客流量都是有限的，比起全国各地都有客户的线下连锁店和线上电商，地摊的客流量和销售量就相对少了。

从外部环境来看，地摊受到太多环境因素的影响和制约。比如，天气、温度、交通、节假日等。刮风下雨出不了摊，酷日炎炎出不了摊，修路修桥出不了摊，交通管制出不了摊。即使出摊，一天能挣多少钱，还是个未知数。当然，有时候生意好，收入会比较可观；可有时候生意太差，分文不挣甚至倒贴都是有可能的。

3. 得不到信任和认可

起早贪黑，风餐露宿，肩挑背扛，日晒雨淋……摆地摊是如此辛劳、如此不易。按理说，人们对于地摊经济应给予尊重和包容，但现实却并非如此。

现实中，部分群体对地摊经营者的态度不仅不认可、不包容，反而有些轻视甚至鄙夷。在一个时期内，“地摊货”成为廉价、低档商品的代名词，而“摆地摊”也被部分群体视为不思进取、不务正业、难有前途的表现。哪怕这件商品确实是正品，哪怕摆摊的人也确实诚意满满，可一旦以地摊的方式呈现出来，无论商品本身还是摆摊的人，其价值和可信度都会大打折扣。

有这样一个真实的例子。某互联网巨头的一位高管，在大街上摆了一个地摊招聘人才，结果却没人敢相信，被认为是骗子、是冒牌货，直到该公司在官方网站发文，才印证此事并非虚假。暂且不论此举的动机是什么，就事件本身而言，为什么一件简单的地摊招聘事件发生在其他企业，人们可能会相信，而发生在该企业人们就不相信了呢？这就关乎档次的问题。档次与身份不相符，自然也就不会有人相信。这也从侧面印证了地摊以及以地摊为代表的地摊经济在人们心中的地位和信誉，其实并不高。

同样是在火车站卖快餐，如果跟朋友说，自己“在火车站开了个饭店卖快餐”和“在火车站推三轮卖快餐”两种说法，给朋友留下的印象是不一样的。前者可能被视为是有头脑、有远见的商业行为，而后者则很可能被认为是迫于生计、走投无路的无奈之举。尽管都是卖快餐，在本质上并无太大区别，甚至有可能推三轮车卖快餐比开饭店卖快餐生意更好，赚钱更多，但在世人的眼中，二者就是有高低之分。

4. 与城市的矛盾冲突

摆地摊是最原始的一种商业行为，以最原始的方式进行交易。所以，挑着担子或者推着三轮车，扯着嗓子或者放着大喇叭走街串巷、走走停停的流动商贩很容易造成噪声污染、环境污染和交通事故。也正因如此，地摊与现代化城市之间产生矛盾和冲突也就成为必然。尤其是当地摊出现在一些高楼林立、街道整洁的现代化大都市的时候，这种冲突和矛盾就更加明显。有些城市对于街道路面整洁度的要求，已经细致到路面每平方米灰尘不得超过多少克的地步，地摊又怎能被这样的城市所接纳、怎能融于这样的环境之中呢？

摆地摊，本是光明正大的一种职业，现在却要东躲西藏。地摊经营者，一方面要想方设法做生意赚钱，一方面要依法办事，确保正常的交通秩序和良好的市容市貌，孰对孰错似乎没有人能说得清。

地摊的处境越来越尴尬。归根结底就是落后的商业模式与高速发展的社会现实之间的矛盾。未来，想要化解和消除这种矛盾，唯有让地摊这种商业行为与时俱进；唯有升级转型，用新的商业模式焕发其新的生命力。

二、举步维艰的实体店

1. 高成本决定高价格

与地摊相比，实体店算是更先进的一种经营模式。其一，商家不用再东奔西走、日晒雨淋，劳动强度大大降低；其二，如果做到了一定规模还可以继续开连锁店、加盟店，实现利润的成倍增长。但凡事都有两面性，劳动强度的降低必然要以资金投入的增加作为代价，利润成倍增长的背后可能隐藏着血本无归，甚至倾家荡产的风险。所以，高成本是实体店面临的困境之一。

实体店的成本来自多方面，房租、装修费、水电费、设备费、仓储费、员工工资、各类押金等。而这些费用中，尤以装修费最让人困扰。装修费是一笔纯粹“打水漂”的支出，并且这笔费用较高。商铺的装修不像住宅的可以持续几十年甚至上百年，其维持时间较短，一旦店铺因某种原因无法再继续开下去，所有的装修费用也就等于“打了水漂”。

那么，店铺是否有必要装修？答案是肯定的。但动辄几万元甚至几十万元的装修费不是每个人都能承担得起的，这也是许多人对开实体店望而生畏、避而远之的原因之一。更糟糕的是，我们无法确定这笔投入到底能维持多久，以为能坚持五年、十年甚至更久，实际可能只坚持了一两年甚至短短数月。

另外，实体店的租金普遍偏贵，尤其是地理位置较好的铺面，并且租金还会每年按一定比例上涨，而这些高成本最终由消费者买单。这也就导致同样的商品，实体店一定会比网店价格高，而高昂的价格又使客流量减少，导

致生意惨淡。

装修不好，购物体验不佳，影响生意；装修太好，成本增加，商品价格上涨，也影响生意。这似乎成了一道无解的难题。

2. 固定性导致低客流

实体店是一种坐商经济，坐商经济最大的缺点就是固定性强、灵活性差。一旦开店，店铺的位置就固定了，不像地摊那样可以随意移动，哪里人多就往哪里去，哪里卖得好就往哪里去。一家实体店所服务的范围多为附近一两千米的客户，也就是说，每家实体店所能获得的客户是相当有限的，如果想要获得更多客户，就需要在不同的地方不停地开店，以最原始的方式进行扩张，如此一来，其成本也就不断地增加。

正因为位置的不可移动性，店铺的选址就尤为重要。如果前期位置没有选好，那么很可能导致后期的努力事倍功半，甚至全部付诸东流。

比如，某地有两家酒馆，一家在僻静的小巷子，一家在繁华的闹市。位于小巷子里的酒馆，酒酿得很好，香醇味美，货真价实，而位于闹市中的酒馆，酒酿得一般，货不真，价也不实。但由于所处位置不同，小巷子中的酒馆生意冷清，每日登门者寥寥无几，而处于闹市的酒馆生意却异常红火，每日登门者络绎不绝。诚意满满、用心经营的店铺，却因位置偏僻而生意惨淡。弄虚作假的店铺，却因位置得当而生意红火，这样的例子在现实生活中比比皆是。地理位置对实体店生意的影响远大于商品本身，这种模式已经存在千百年了。

可能有人认为“酒香不怕巷子深”，实体店生意的好坏也不完全取决于店铺的位置，只要有足够好的商品和服务，并且坚持做，一定会迎来不少回头客，生意也一定会越来越好。这看似很有道理，但在线下商业模式下想要实现这一目标却非常困难。主要原因有以下两个方面。

其一，信息的传播速度十分缓慢。人与人之间基本上依靠面对面的口头交流，一则信息的传播只能一传十、十传百，它不像电商时代，通过互联网的传播能实现一传千、一传万甚至一传千万。

其二，信息的传播动力十分微弱。坐商经济不像电商时代通过分佣模式推销商品能给推销人带来实际的收益，促使人们主动去传播分享商品，动力十足。

所以，纯线下商业模式下，许多店铺没有足够的时间、精力、资金等到“酒香飘出巷子”的那一天。所谓百年老店、百年品牌，其口碑都是慢慢累积起来的。

3. 因封闭性错失准客户

实体店不仅位置是固定的，其销售方式也是封闭的。各做各的生意，各谋各的出路，自负盈亏，互不干涉，这也导致许多准客户的流失。

比如，一位客户想购买某品牌某型号的电视机，他所在的城市有两家该品牌的专卖店，但只有其中一家售卖该型号的电视机，遗憾的是客户只找到了其中一家，而这家并不售卖该型号电视机，最后他只得遗憾离去，没能成为该品牌的真正用户。

不仅传统模式下的实体店与实体店之间是相互封闭的，在电商模式下，实体店与网店之间同样也是相互封闭的。

比如，小张是某品牌旅行箱的线上用户，这两天他打算去旅行，现在急需买一个旅行箱。但他在网上挑选了很久，对尺寸和款式的选择始终犹豫不决，因为一旦选错，连换货的时间都没有，于是只能放弃，转向别处购买其他品牌商品。再如，小李是该品牌旅行箱的线下用户，同样也要出门旅行，也要买旅行箱，但在实体店挑了很久也没有选到满意的尺寸和款式的箱子，于是只能放弃购买。对于品牌方而言，小张和小李都是他的客户，他有能力满足他们的各种需求，也有能力留住他们。品牌方清楚地知道小张想要的是对售前体验进行确认，眼见为实，而小李想要的是有更多的型号供自己选择，小李和小张不过是在挑选自己喜欢的商品。品牌方也清楚在距小张和小李一公里左右的另外两家店铺里就有他们所需要的商品，但他却没有能力去进行引导和调配，最终只能眼睁睁地看着两名准客户流失。

封闭性是当今商业模式下所有店铺的共性。它不仅让品牌方错失了不少准客户，还让不少实体店铺因相互竞争而倒闭。尤其是网店的出现，更是加快了这一过程。网店不仅冲击着其他竞争品牌的实体店铺，甚至同品牌的许多实体店铺也不能幸免。这是品牌方不愿看到的，也是各实体店老板不愿看到的，因为相互封闭就是相互竞争、相互损耗。这也是电商会对实体经济造成严重破坏的症结所在。

三、线下购物的困境

1. 买不到自己想要的物品

在传统商业模式下，实体店都是各自独立的，既不对外展示商品信息，也不和其他店铺互通有无，所以消费者想要买到自己喜欢的物品是比较困难的。因为他们必须亲自到店里去咨询、去挑选，如果这家店没有，只能去下一家；下一家还是没有又只能再去下一家，耗费时间和精力，极为不便。

找不到自己想要的商品是一种无奈，而找到了却买不到更是一种无奈，最典型的就是购买火车票。春运等节假日的火车票一票难求的景象很多人都深有体会，这类现象至今还在某些行业存在。

在传统商业模式下，我们的购物受到太多条件限制，无论是存储、运输还是销售，都存在许多问题，这也就注定了有些物品我们是找不到的，或者找得到却买不到，甚至既找不到也买不到。

2. 买不到性价比最高的物品

买东西都追求物美价廉、货真价实。但在传统购物模式下，却很难真正实现这一愿望。买到的物品不是花费了较高的价格，就是同一个价格买到了较差的物品。比如，同品牌的一款羽绒服，在 A 商店标价 500 元，但在不远处的 B 商店由于做促销活动只需要 400 多元；或者，同样是 500 元，在 A 商店你只能买到一款品质一般的羽绒服，但由于 B 商店在促销，花 500 元

可以买到一款质量、款式都更好的羽绒服。然而，因为信息的闭塞，消费者根本不知道 B 商店在促销，甚至根本不知道 B 商店的存在，所以只能花 500 元在 A 商店买下那款普通的羽绒服。

这还只是同城之间的小范围比较，而全国各地大大小小的卖场多如牛毛，每天由于各种原因进行打折促销的商品也多如牛毛，但我们却不可能全部知晓、不可能全部买到。在传统模式下，我们最多做到“货比三家”。而这三家商店还仅限于相邻的几家，相隔距离较远的也无法比较。这实际上将我们的消费限制在了一个极其狭小的空间范围内，让消费者根本就没有多少选择的余地。

小范围、小规模的错失和浪费每天都在我们身边发生，而更大范围、更大规模的信息不对称和浪费，也时常在全国各地上演。比如，一些果农、菜农忙活大半年，辛辛苦苦种植出的水果蔬菜，由于种种原因，到了收获的时候却卖不出去，只能眼睁睁地看着它们烂在树上、田间。而某些城市里的居民却没有多少新鲜的水果蔬菜可供选购，每天都在花高价，抢购大棚里生产的水果蔬菜，这难道不是一种无奈吗？

3. 买到假冒伪劣商品

想买的商品，买不到；而不想买的商品，却偏偏很容易买到。这也是传统商业模式下，一直困扰我们的一大难题。

线下购物带来的不良体验，几乎每个人都有过。

许多无良商家都干着违背道德的事情。某人去古玩市场淘货，一串喊价 15 万元的手链，最后以 16 元的价格成交，这是多么讽刺和可笑的一件事情。一位不谙世事的女大学生，由于赶火车不小心把行李箱摔坏了。最后，在火车站花 200 元，买了一个实际价值只有几十元的箱子……这样的例子，在现实生活中不胜枚举。

四、无良商人对道德、法律体系的践踏

1. 诚信缺失

俗话说“人为财死，鸟为食亡”。在获取财富的道路上，有太多人不惜铤而走险、不择手段、践踏道德法律。其中，不乏无良商家，他们对商业环境及道德、法律的破坏是巨大的。

例如，现在越来越多的人，尤其是年轻人喜欢去商场或者超市购物，不喜欢去杂乱的市场购物，就是因为商场“明”，市场“暗”。同样是买一棵白菜，商场里明码标价，写得清清楚楚。

我们津津乐道的“王婆卖瓜，自卖自夸”，其本质就是夸大其词。但这句歇后语还有另一层寓意：“想要东西卖得出手，还要积极主动地推销。”当诚信被当作玩笑可以进行戏谑时，诚信还存在吗？

当我们对虚假的商业行为无限地纵容，整个商业环境也会发生变化。由于年轻人逐步增强了防骗意识以及改变了消费习惯和消费方式，消费欺诈正在转向朴实的农村。比如，打着惠农、助农旗号向老百姓销售各种劣质产品的无良商家，每次销售金额都是数以万计甚至更多，实在让人痛心。

2. 良知丧失

欺骗消费者，给他们带来经济方面的损失是一种关乎道德、关乎诚信的行为。而直接对消费者的身体造成伤害则是一种关乎人性良知、关乎法律法

规的行为，甚至可以说是一种危害国家安全的行为。这其中尤以食品安全最受关注。

孩子是国家的未来。用孩子的安全健康来牟取暴利，就是用国家的未来谋私利，这种行为不仅是商业欺诈，更会危害国家安全。

比如，用工业酒精勾兑假酒、用苏丹红制作咸鸭蛋、用福尔马林泡毛肚、用无根剂生豆芽、用地沟油充当食用油……这些无良商家不负责任的行为，对消费者的健康造成了不良影响。

除了食品行业，其他行业也存在类似现象。无良商家为牟取利益，不惜损害消费者的权益，这是对法律和道德准则的践踏。

3. 维权艰难

“天下熙熙，皆为利来；天下攘攘，皆为利往。”虽然利益是驱动商业发展的动力，但获利应有底线。在传统商业模式下，无良商家之所以做出违背道德、违反法律的事，归根结底是相关部门对市场缺乏有效监督和管理。

消费者维权艰难，除了交易无迹可寻、维权无望外，还有一种情况是商家店大欺客导致维权无果。

但社会在不断进步，在未来新的商业模式下，一切都将改变。未来的监管模式将不再仅依靠政府的力量，而是需要全体公民广泛参与以对市场主体的商业行为形成更好地约束和规范，这是每位消费者、每位公民的权利和义务。

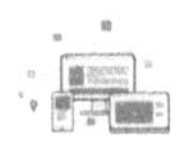

五、力不从心的电子商务

1. 看上去很美

电商是最近几十年才出现的一种新商业模式，相较于传统的纯线下商业模式，电商确实有一定优势。电商解决了许多线下解决不了的问题。比如，它突破了地域和时间的限制、突破了产品销量的限制、突破了人的精力的限制，以至于有人说，电商让天下没有难做的生意。但事实真是如此吗？

早期的电商由于卖家少、产品少，竞争不是很激烈，生意确实好做。但是随着卖家增多、市场饱和，如今的电商早已不再是当年的模样。

就成本而言，虽然电商没有房租、装修费等费用支出，但它需要入场费、平台服务费，各种辅助软件的使用费、推广费，还有物流费、仓储费等费用。与实体店相比，电商的成本其实并不低，有时甚至更高。

一方面成本越来越高，另一方面客流量越来越少。做电商最重要的是流量。没有流量，再好的店铺也无人知晓，再好的商品也无人问津。实际上，电商与线下店铺在运营上存在着某些共性。舍得花钱，店铺就可以开在客流量大的闹市，时时刻刻都有人光顾；不舍得花钱，店铺就只能开在偏僻的巷落，一天也见不到几个客人。所以，电商的房租、装修费等成本其实并没有节省，而是换作另一种方式存在。也正因如此，大卖家、大品牌由于资金雄厚，自然占据闹市的位置；而小卖家、小品牌实力不济，自然只能处于偏僻巷落。

2. 恶性竞争

都说商场如战场，商业发展到今天，线上电商市场的竞争其实比线下实体店之间的竞争更激烈、更残酷。线下实体店的竞争对手，只局限于某个行业或者某个区域内，跨行业、跨区域的店几乎不会对他们构成威胁。比如，你开了一家服装店，你的竞争者就是这条街或者附近几条街的服装店。几千米以外的服装店几乎不会影响到你的生意，鞋店、家居店也不会影响到你的生意。而线上电商平台则不一样，你面对的竞争者是全网成千上万的卖家。你的商品的价格、品质、宣传力度、售前售后服务等，都必须出类拔萃，才有可能胜出。不仅如此，由于线上电商转型比线下实体店容易得多，行业之间相互渗透的现象也异常严重。某个行业好做，短时间内就会有一大批人进入，导致竞争更激烈。

一方面，竞争程度越来越激烈；另一方面，竞争方式也越来越恶劣。比如，最常见的刷单、刷好评、刷人气等就是典型的恶性竞争。还有随处可见的“给好评返现”“推荐好友领福利”“邀朋友砍价得商品”等。离谱的价格战、虚假宣传等依然存在。可以说，恶性竞争几乎充斥着整个电商行业，卖家的生存空间不断被挤压。

此外，还要提防恶意下单、恶意索赔事件。因为电商不像实体店是面对面的真实交易，它是在交易时间、订单数量、交易金额等方面都没有限制的线上虚拟交易，一旦操作失误，会损失巨大。

有这样一个真实的案例，某知名生鲜类电商平台由于与某位客户产生一些矛盾纠纷，致使该客户产生不满情绪，进而报复性下单。十几个虚假账号产生了几百个货到付款的生鲜类食品订单，让多个快递网点货满为患。但由于无法联系到收货人，货物又没能得到及时妥善处理，许多货物最终腐坏变质，给该平台带来巨大经济损失。

3. 带货乱象

带货已成为当下最火热的销售方式之一，可以说是真正给电商行业注入了一股新力量，开辟了一条新道路。社交软件、娱乐软件、资讯软件等，随处都可看到带货这种推销方式。大体上而言，当下的带货模式主要为两种：一种是社交型带货，一种是媒体型带货。前者主要以熟人为对象，后者主要以粉丝为对象。

社交型带货

社交型带货曾经是最火热的带货方式。它借助微信、QQ 等社交软件，以朋友圈、微信群、QQ 群为依托，进行商品推广和销售。微商、淘客、社群电商等就是这样的推销模式。社交型带货以人脉为基础，拓展人脉是它的主要手段和目的。

媒体型带货

媒体型带货是当下最火热的带货方式。这里的媒体，主要是指自媒体，文章、短视频、直播是其主要的表现形式。

媒体型带货以流量为基础，获取流量、增长粉丝是其主要手段和目的。但流量并不等于质量，拥有几百万、几千万粉丝的网红或者明星卖的货就一定货真价实吗？未必如此。

由于带货这种方式并不是专业的电商平台卖货，相关的规章制度还不完善，导致许多消费者的合法权益无法得到保障。有些商品是专门定制的，有些商品是去其他平台搬运的；有些商品是临期的，有些商品是小作坊生产的。而这些商品一旦售出，大多会立刻下架，消失得无影无踪；带货的人大多也不会负责任。

依法合规带货是可以的。但在当下，无论是社交型带货还是媒体型带货，都存在一些乱象。

名不见经传的草根在带货，大名鼎鼎的明星在带货，身家过亿的大老板

在带货，负债累累的破产者也在带货。人人都想在带货这个新兴行业里分一杯羹，我们似乎进入了全民带货的时代。而全民带货热潮的背后是什么，却很少有人去关注和深思。

4. 缺乏监管

流量时代，不少人靠着互联网的巨大流量圆了一夜暴富的美梦，并且这个梦至今还萦绕在不少人的脑海里。他们渴求依靠互联网短时间内实现财富的急剧增长，哪怕使用并不光彩的手段。比如，前面提到的各种恶性竞争和带货乱象。而产生这些乱象的原因之一就是监管的缺乏。

比如，法律监管的缺乏主要表现为账号注册和注销的随意性。

在互联网平台上账号注册和注销都很随意，想伪装成什么样的身份都可以，想注册多少个账号也可以。违法犯罪分子正是利用了这样的漏洞，实施违法活动。某些网络营销公司或工作室利用虚拟电话号码注册大量的账号，然后再利用这些账号并配合各种专业软件，在各种购物群和各购物平台上从事虚假宣传、刷单、刷流量、制假售假等不法活动。还有人在某些电商平台冒充知名品牌开设店铺，让人眼花缭乱，真伪难辨。而更严重的是网络诈骗，诈骗手段不但层出不穷，而且诈骗金额触目惊心。

5. 力不从心

电商是一种全新的商业模式，是科技发展、时代进步的产物。它对传统商业的经营时间、经营空间、交易速度、交易数量等都做了颠覆性的扩展和延伸。在理论上，任何行业、任何商品都可以开展线上交易，但从实际情况来看却并非如此。有些行业、有些产品在电商模式下很难形成一套完善的销售体系。

比如，对时效要求比较高的生鲜果蔬类食品，虽然现在交通便利，能够做到在比较短的时间内将货物送到消费者手中，但它的成本非常高，有时候物流费用和包装费用甚至比商品本身还高。此外，每年由运输造成的变质、腐烂、发霉的食品不计其数。所以，异地发货、长途运输生鲜果蔬类食品，实际上是一件成本很高的事。

那么，本地发货、短途运输会不会好一些呢？虽然社区团购现在做得有模有样，但实际上用户体验还有待提升。

果蔬类商品是存在差异化的商品，同一个摊位、同一种类别、同一个价格，单个商品都存在差异。它不像电脑、手机、鞋子、袜子这样的商品，同一个品牌、同一种型号的商品几乎没有什么差异。无论谁发货，无论从哪里发货，无论何时发货，商品本身都是一模一样的，区别不大。所以，虽然线上买菜是趋势，但当下的模式并不是最先进、最合适的。社区团购可以是果蔬业务线上化的过渡方式，但绝不是最终的模式。

六、线上购物的障碍

1. 款式问题

由于纯线上购物无法进行售前体验，如果你是一个对网购并不十分精通的人，那么在网上买到一件自己真正想要的商品是相当困难的。

例如，你想在网上买一台某品牌的冰箱，那么你会面临诸多选择。首先是平台的选择，其次是冰箱种类的选择。冰箱的样式有单开门、双开门、多开门等，冰箱的容量有100升、200升、300升等，冰箱的能耗又分一级、二级、三级等，冰箱的颜色有银色、黑色、白色、褐色等。另外，商家的促销方式有降价打折、赠送礼品、免费会员、参加抽奖等。

总之，对于一件商品，我们有太多选择。而经过一番对比，花费了大量的时间和精力，当我们认为已经选到了最合适的一款商品时，最后送到我们手上的商品，很有可能并不是我们想要的，或者和我们的预想有较大出入。比如，冰箱的容量小、运转时的声音大、制冷的效果差，但因为货物已经送到，且申请退换货的流程又相当麻烦，甚至可能产生各种纠纷及额外的费用，所以大多数情况下，即使这件商品并非我们百分百喜欢的商品，我们还是选择了接受。

再如，我们想买一件衣服、买一袋大米、买一瓶香水、买一个床垫……有多大概率是能一次就买到自己真正想要的商品呢？衣服的穿着效果、大米的口感、香水的味道、床垫的舒适度等，在我们没有进行任何售前体验的情况下就买回家的商品，有多少是完全符合我们心理预期的呢？

有些商品可以将就使用。比如，冰箱、大米。但有些商品却无法将就使用。比如，衣服的尺码小了或者大了，穿在身上既不舒服也不好看，对于这样的商品，就只能退换；不能退换货的就只能扔掉或者送人。

通过几张图片、几段文字或几条视频的展示，就让买家购买一件没有售前体验的商品，然后再花费好几天时间等待收货；收到货后，商品有质量问题或者是型号不合适，又得通过快递再寄回去退换。来来回回又是好几天，花费大量时间和精力，最后却买不到自己想要的商品。试问，这样的购物模式真的好吗？真的是最先进的吗？

2. 质量问题

我们都知道，线上平台的商品与线下实体店的商品的价格是不一样的。但可能很少有人知道，部分线上平台的商品与线下实体店的商品的质量，也不一样。

在网购已逐渐成为主流购物模式的当下，许多厂家为了抢占电商市场，迎合消费者低价的心理需求，同时减少线上线下两个渠道的利润互搏，往往会推出自己的“线上特供款”商品。而这些线上特供款商品与线下款商品的区别在哪里呢？一般而言，线上特供款商品只在线上特定的渠道销售，在线下实体店基本找不到。这种商品有一个特点，就是便宜。比如，同一品牌的商品 A 和商品 B，商品 A 在线上卖，定价 500 元；商品 B 在线下卖，定价 700 元。虽然是兄弟款商品，外观和功能上看起来也都一模一样，但内部做工和用料方面却存在差异。很多人认为，在网上买便宜了 200 元，但它真的便宜了吗？很可能这只是一种假象。售价虽相差 200 元，但其成本可能也相差 200 元，而两款商品的区别只有专业人士才看得出来。如果把商品 A 拿到实体店卖，其实际的售价可能也是 500 元，只是厂家不会这样做。

大品牌、大厂家推出的“线上特供款”，在质量上还能做到有保障；而

一些小商家在利益面前制假售假，严重侵犯了消费者的合法权益。

比如，某个商家在线上卖散养的农家土鸡，可能总共才有几百只或者几千只土鸡，但其月销量却过万。那么，超出他供货能力的这些货品从哪里来？许多消费者的鉴别能力极其有限，甚至根本就没有去辨别，所以很难判断商品的优劣，也不清楚这些商家所卖的货究竟多少是真、多少是假。

还有一些产品需要经过很长的时间才能辨别出真伪。比如，网上买的树苗、花苗、农作物种子等，需要经过一段时间之后才知道真假。再如，那些卖二手商品、翻新商品、贴牌商品的店铺，我们也很难或者说要很长时间才能判断出商品的优劣，而当你发觉时，商家可能早已更换了账号和平台，以一个新的身份重新营业。

宣传图片修得很漂亮、宣传文案写得很浮夸、宣传视频拍得很高端，然后又以返现、送优惠券、送积分等手段诱导消费者给出五星好评；如果有消费者投诉或给差评，就以退货、道歉、补偿甚至恐吓等方式，让消费者消除差评和投诉。

3. 售后问题

线上购物一旦出现售后问题，处理起来相当麻烦。

首先是时间成本问题。好不容易买了一件商品，等了四五天终于收到了，结果不合适或者有质量问题要换货。来来回回又是好几天，等得人心烦气躁。

其次是物流产生的费用问题。退换货物都会产生物流费用，这个费用由谁出、出多少，都是问题。小件商品还能通过购买运费险来解决，但大件商品比如冰箱、沙发、空调、洗衣机等，物流费用很高，如果这个物流费由买家承担，那么购物的成本就会大大提高。

最后是有没有售后保障的问题，这也是最重要的问题。大平台售后一般是有保障的，而一些小平台由于缺乏监管，一旦出现交易纠纷，能否维权成功就很难说了。

比如，你在某平台买了一部二手手机，展示的信息是九成新，无维修记录，但当到手之后，你发现这是一部翻新机，有拆机和更换配件的痕迹。当你向平台提出维权诉求时，他们会找各种理由拒绝。如果你的态度不够强硬、心理素质不够强大，那么维权几乎无望。

再如，某些电视购物频道、购物网站、购物小程序等平台，基本没有售后保障。如果你在这些平台买到了假货，维权的希望就很渺茫了。有些商家会以影响二次销售为由，拒绝退货；有些商家会提供给消费者一个虚假的退换货地址，商品寄出后就石沉大海；有些商家甚至根本不提供售后服务，没有售后电话，或者提供的电话号码是空号。

还有一些商家，消费者付款后不发货，或者填他人的快递单号虚假发货。有些消费者会因为网购经验不足，或者法律意识淡薄使自己的权益受损。

七、非正当竞争对商业环境的破坏

1. 生产环境

价格战是一种正常的商业现象。各卖家为了争夺市场而适当降低商品售价本无可厚非，但随着电商的兴起，价格战已不再是简单的价格竞争，而是演变成一种非正当的商业竞争。这种非正当竞争几乎波及所有行业、所有领域，不仅扰乱了商品的价格，也影响了商品生产、销售、消费的整个环节。

有些人认为，国外的商品总是比国内的好，不可否认，某些国外商品确实比国内商品要做得好一些，这并不是因为技术原因国内不能生产制造，而是能制造但厂家不愿意制造。高水平、高质量的商品必然意味着高成本、高售价，但在价格战的大背景下，这样的商品无疑没有什么市场。

一款好的电器，如果把品质做到极致，它的成本无疑会更高，售价必然会更高。上市后，如果销量好，竞争对手很快就会推出同款商品，并以更低的售价争夺市场。由于外观和功能差别不大，价格更低的这些“竞品”，自然会赢得更多的市场份额，这也就导致正品被不断地边缘化。久而久之，生产正品的商家或是降成本、降售价加入价格战，或是停止研发，停止生产，退出市场。

一方面，好产品销量惨淡，生存艰难；另一方面，劣质产品大行其道，泛滥成灾。一款宣称高频率超声波无死角清洁牙齿的电动牙刷里面可能只是一个电池小马达；一款宣称颗粒饱满、美味无添加的坚果，可能是即将过期的劣质果；一款声称高档环保的棕垫，很可能是用一些边角料生产的；一款号称无毒无害的儿童玩具，很可能由劣质塑料制作而成……在某个专门以售卖低价产品为主的电商平台，随处可见 9.9 元包邮，甚至 1.9 元包邮的商品，到处都是挂羊头卖狗肉的商家。

恶意竞争、肆意谋利、监管缺位极大扰乱了市场环境。在这样的环境下，许多以研发为主的企业将重心转向营销，由以品质取胜转变为以价格取胜。因为前者可能赢得了口碑却赢不了市场；而后者很可能在短期内，既有知名度，又有高销量。

无底线的价格战严重削弱产品的竞争力，拉低国货在国人心目中的地位，对我们整个生产环境都造成了极其恶劣的影响。

2. 销售环境

以低价为突破口，对商品进行宣传推广，历来有之。以实体店为例，我们几乎天天都能在大街上看到，有些实体店铺以低价格作为宣传语来招揽顾客。质量本是商品的根本，但现在有一大部分消费群体只是关注价格。价格决定销量，价格决定一切。当然，如果真的是甩卖、清仓、打折、促销，那也无可厚非。但实际情况是，大部分宣传都是虚假的，低价只不过是一种噱头。

一则“79 元买 3 只农家土鸡”的广告，明眼人一眼就能看出其中有问题，但是人们依旧会转发、推广。一方面是因为这样的价格确实有吸引力，另一方面是因为有利可图。只要推荐给左邻右舍、亲朋好友，有人购买就会有提成、佣金，何乐而不为呢？尽管也有人意识到了其中有问题，但那又有什么关系呢？只要有钱赚就行。

非正当竞争不仅会破坏商业环境，还会破坏社会环境和信用体系。当某些人为了一点蝇头小利就大量转发那些与实际不相符的广告，并认为这是一种正当的赚钱方式时，我们的社会就会面临信用危机。

3. 消费环境

除了生产销售环境，非正当竞争对消费环境的影响和破坏也是巨大的。大量劣质、假冒商品被生产出来，然后被消费掉，接着再继续生产、继续消费，反复循环，造成巨大的资源浪费。

9.9 元包邮 10 双袜子和 9.9 元买 1 双袜子，你怎么选？大部分人会选择前者，然而买回去之后就会后悔，因为质量实在太差。起球、破洞、臭脚是必然的，穿一次就不想再穿第二次。而 9.9 元 1 双的袜子质量就要好很多，不起球、不破洞、不臭脚，且长时间穿也完全没问题。那么，9.9 元 10 双的袜子穿得时间短、不舒服，而 9.9 元 1 双的袜子穿着舒服还穿得更久，但为什么人们还是喜欢选前者而不选后者呢？原因就是数量上的感性对比。10 与 1 进行比较，在数量上占绝对优势，而贪多几乎是人的共性，所以人们往往会选择数量多的而放弃数量少的。

非正当的商业竞争正是充分利用了消费者这一心理，让消费变得感性，让消费者的思考辨别能力变得薄弱。最终的结果就是消费者不仅没有省钱反而花了更多钱。

当然，良性的价格战是产品迭代更新的动力，它能使许多商品更加大众化，让原本可望而不可即的商品走进普通人的生活。而恶性的价格战则是产品质量低下的祸首，它使许多商品的生产都存在偷工减料或粗制滥造，甚至以次充好。国内商品的口碑被败坏，导致不少消费者盲目崇拜进口商品。

我们的消费环境和消费观念已经到了非变不可的地步。

八、进退两难的物流运输

1. 危机四伏

市场上大大小小的快递公司有上百家，但我们经常使用的还是通达系、顺丰、京东等。也就是说，中国目前的快递市场是“三分天下”。通达系背靠阿里，市场占有率最大；顺丰定位中高端口碑较好；京东后来居上，发展最为迅速。三分天下的快递市场看似一片繁荣，生机勃勃，但深入分析就会发现当今快递市场的商业模式存在很大问题。

整体来看，目前我国的快递公司至少存在三大危机：配送危机、信任危机、发展危机。

配送危机

配送危机主要是指末端派送环节。虽然每家快递公司都有几十万、上百万的收派员，但在末端派送上依然力不从心。一方面，快递公司高压严管，力求在终端塑造一个良好的形象；另一方面，快递员的薪资微薄、疲于奔命、苦不堪言。在高压之下，许多快递员和加盟商不得不选择离职、退出或转让。尤其是在电商平台促销期间，许多快递公司更是出现了仓库爆仓、快递无人派送，甚至整个运输干线停运等严重事件。

无论是通达系还是京东、顺丰，在末端派送环节都存在巨大的压力。快递员离职率高已经成为一种普遍现象，而快递公司解决这一问题的做法就是

不断地招聘新人来弥补缺口。走一批来一批、再走一批再来一批，中国的快递公司几乎陷入这样的循环之中。快递行业成了最不稳定的行业之一，快递员也成了最没有归属感的群体之一。

信任危机

在我国，用户对快递公司的信任度比较低，这主要与快递公司的一些恶习有关。比如，私拆包裹、偷换商品、暴力分拣、恶意损毁、泄露信息等。虽然这些不良现象现在已经得到了遏制，但并没有根除。

此外，当下的快递公司在运营中还存在诸多不足。比如，客户寄快递时买了保价服务，快递在运输过程中被损坏，给客户造成了经济损失，但在最后理赔时，尤其是较大金额理赔时，快递公司往往会找各种理由推脱。再如，快递公司对加盟商单方毁约或者增加各种合同附加条款都是常有的事情。

发展危机

中国快递业的发展已经到了瓶颈期，无论是业务增量、市场拓展还是市值利润等都很难再有新的突破。中国每天有上亿件电商包裹，这些包裹大部分被通达系快递所垄断，然而，通达系快递从中能得到多少利润呢？曾为民营快递领头羊的申通快递，目前市值仅为百亿元，而百世快递的市值已经不足百亿元。难道物流行业已经风光不再，成为夕阳产业了吗？当然不是，同样以配送为基础的美团，市值却一度突破万亿元，这说明运输配送行业还有着广阔的前景，有着巨大的空间。

未来，随着技术的进步和市场的完善，商品配送的类目将越来越丰富，数量也将越来越庞大，而下一个物流运输的增长点在哪里，却没人能说得清楚。但有一点是肯定的，那就是传统的包裹业务已经基本饱和，无论是电商件、散单件、商务件、急速件，还是重货大货业务、整车专车业务等都很难再有大的突破。快递公司的成长突破需要的一定是以配送为基础的新领域、新市场。

2. 难以自救

面对种种危机，快递公司一直都在寻找出路。比如，降低成本、开拓农村市场、发展电子商务等。然而，无一例外，效果都不够理想。

降低成本

最直接有效地降低成本的方法就是给快递员降薪资、降提成，无论是通达系还是顺丰、京东，都曾不止一次实施过降薪的举措，并且手法多种多样。比如，直接降低收派提成，通过业务考核变相降薪，暗中更改业务数据私自降薪，以各种手段逼迫老员工主动离岗离职，以各种不合理规则将公司责任转嫁给代理商，以各种理由对员工和代理商进行罚款和扣薪……

既要马儿跑，又要马儿不吃草，世上哪有这样的道理？降薪虽能降低成本，但也一定会引发大量员工的不满，尤其是最底层的一线收派人员。他们本来薪资就很低，还要干最辛苦的活，结果工资不升反降。久而久之，员工的凝聚力和责任心也就慢慢下降，员工与公司之间、员工与客户之间的关系也就进一步恶化。随之而来的，还有公司整体形象受损，口碑下滑。

开拓农村市场

快递业发展至今，城市市场基本已经饱和，农村市场尚待挖掘。但想要真正实现快递下乡，真正打开农村市场却并非一件容易的事情。

首先是成本太高。农村到乡镇，乡镇到县城路程远、交通不便，其成本必然提升。经营者只靠快递公司给的派送费很难有利润。所以农村市场的经营者普遍压力大，经营不理想。

其次是业务拓展难度大。民营快递公司目前的农村市场多以派件为主，收件业务很少。各家快递公司虽然打着助农产品出山的旗号，但实际上由于各种条件的限制，操作起来也相当困难。当然，规模化、大批量生产的农产品通过电商平台和快递公司发往全国各地的毕竟是少数。

发展电子商务

每家快递公司几乎都有一个电商梦，但这个梦做了多年也难以实现。无论是通达系快递还是顺丰，都不止一次打造过电商平台，无一例外都是不温不火，没成气候。尤其是顺丰，至今已在电商领域苦战十年，屡战屡败，又屡败屡战，先后砸下数百亿资金且目前仍在大量投入，但从整体来看，效果依旧不理想。

京东以电商起家，现在电商、物流双丰收，可以说是最大的赢家。由电商到物流，成了；由物流到电商，黄了。这究竟是模式的问题还是公司的问题？究竟是天意如此，还是人为所致？谁也说不清楚，但可以肯定的是，快递公司想以电商来拯救自己，难度巨大。

3. 路在何方

进而无路，退而不甘，快递公司可谓进退两难。究其原因，主要有几个方面：电商价格战的影响、“最后一公里”的制约、企业凝聚力的缺乏。

电商价格战的影响

快递公司的命运与电商息息相关，可谓“成也电商败也电商”。没有电商的迅速崛起，快递公司不可能发展得如此迅速，但也正是因为有了电商，快递业才陷入当下这般境地。月销上万单的电商大客户倚仗自己的销量，可以肆意压低快递价格，而各快递公司为了争夺市场主动降价，最终诞生了“8毛发全国”“5.9元全国包邮”“一分钱商品包邮到家”这样的电商“奇迹”和物流“神话”。

极端的价格战使中国的快递业呈现出一种失控状态，这不仅是一把双刃剑，更是一把夺命剑。前有国通、全峰、如风达等的黯然离场，后有通达系快递相继易主。现在，又出现一个极兔快递。快递业的价格战无休无止，似乎永无宁日。

“最后一公里”的制约

“最后一公里”的派送，一直是制约快递公司发展的一大难题。由于快递业是一种劳动密集型行业，快件收得越多，也就意味着需要投入的快递员越多，成本也就越高。而在大打价格战、单票快件的利润已经降无可降的今天，许多快递公司已难以支撑。再加上中国居住环境的特殊性，更让“最后一公里”的派送难上加难。收件地址的街道编号对应的往往不是一家住户，而是一栋楼甚至一个小区，所以无法按照单标地址直接派送。派送员得一个一个找，一个一个打电话问，这大大降低了派送的效率。

企业凝聚力的缺乏

快递公司的企业凝聚力普遍较差，这是由中国快递业的现状决定的，除非改变不合理的管理制度，否则这个问题就会一直存在。高负荷的工作环境、微薄的工资收入、缺乏人性的管理制度、频繁的人员流动，让快递员很难对企业产生认同感和归属感，所以凝聚力也就无从谈起。无论是直营模式下的收派员，还是加盟模式下的代理商，几乎都是如此。

纵观物流行业的现状，不得不承认与国际大物流公司相比，国内的物流公司还有很长的路要走。而这条路又在哪里呢？是按图索骥还是另辟蹊径？我们只能拭目以待。

商业模式没有改变，物流模式也不可能有新的突破，所以要想另辟蹊径，建立新的物流模式，只能等到新商业模式到来的那一刻。

九、物流收货的难题

1. 物流等待问题

在电商模式下，物流是连接销售者和消费者的纽带。尽管这条纽带目前正在超负荷运转，每天配送上亿件包裹、管理着上百万名员工、处理着上千条投诉，但从用户角度来看，依然是不满意的。也就是说，尽管快递员付出了很多，快递公司付出了很多，但落后的商业模式注定了物流就是一种费力不讨好的工作。比如，时间成本就是其中之一，也是令消费者不满意的地方之一。

虽然现在的物流速度已经提高了不少，但大部分商品还是需要三四天的运输时间，偏远地区时间就更久，还不包括备货时间。如果遇到促销活动等件量激增的情况，商家备货发货可能就要两三天时间。那么，整个物流运输可能就要一周甚至更长时间。

炎炎夏日，消费者在网上买的空调迟迟送不到，只得每日汗流浃背地等待；寒风凛冽的严冬，网上买的羽绒服也长时间看不到物流更新，每日出门冻得直哆嗦，内心免不了抱怨。一位住在东北的客户如果想买新疆的棉花被，可能得等十来天；一位住在云南的客户如果想买东北的大米，可能也得等十几天。早期的电商模式，商品都是从厂家或产地发出，所以只能一站一站地分拣，一站一站地运输，走走停停，费时费力。现在，许多平台和商家虽已改变了这种发货模式，采用就近仓库发货模式，但大部分商家采用的依旧是原始的发货模式，所以物流的整体时效依旧没有得到明显改善。

2. 签收环节问题

网购的商品好不容易送到，本应是件开心的事。然而现实中，签收环节存在的问题也不少。致使收货也成了一件让我们比较烦心的事。

快递的签收主要有两种：亲自签收与他人代签收。

亲自签收

亲自签收，也就是客户本人亲自签收快递。这看起来似乎没什么，一个送货、一个收货，一个提供服务、一个接受服务，简单而平常，但实际上却并不是那么回事。客户与快递员的矛盾也多产生于此。

如果你没有及时接听电话，或者快递员打完电话你没有及时赶到，或者验货时间太久，再或者确实不方便下楼取需要送货上门，那么快递员的态度可能就不那么友好了。不可否认，快递员每天都顶着巨大的压力，既担心派件的时效，又要担心快件的安全，还要担心客户的差评和投诉。但客户有时候也有特殊情况。比如，不方便接听电话、无法及时赶到、必须仔细验货、确实无法下楼自取等。无论是客户还是快递员，我们都无法评判谁完全对、谁完全错。站在对方的角度考虑，可能会多一些理解和宽容，但实际上我们很难做到。

他人代签收

如果确实无法亲自签收，只能选择代签收。代签收主要分两种情况，一种是公共代签人。比如，前台、物业、保安室、门卫室等；一种是指定代签收人。比如，收件人的亲人、朋友、邻居等。无论是哪种代签收，一旦快件出现问题，后续处理起来都会相当麻烦。比如，货不对板、质量问题、快件损坏、快件遗失、快件冒领等。小区门卫室是否有帮业主签收、保管快递的义务？假如出现问题，责任又该怎么划分？亲朋好友帮你签收的快递出现问题，是否要担责？你们的情谊是否会受到影响？尤其是一些比较贵重的物品

出现问题或者遇到不良卖家以此作为脱责的借口时，那就更难处理了。

无论是亲自签收还是委托他人代签收，在当今的购物模式和物流模式下总免不了出现问题，给我们的工作和生活带来诸多不便。

如今，快递柜和快递驿站的出现似乎解决了一些这样的问题，但其缺陷也很明显。比如，存放物品会受到体积和数量的限制、超时未取会收取费用、路程远取件不方便、到件不及时联系客户、送货上门几乎名存实亡等。

3. 各种安全问题

物流的安全问题主要包括三方面：快件安全、信息安全、人身安全。

快件安全

快件安全，主要是指快件在运输过程中，由于不合格的包装、不合理的装载、不规则的码放、暴力分拣、乱丢乱放等导致快件破损、湿损、污染、遗失等情况。

比如，由于运输途中的不当装卸导致快递中的电子产品零部件损坏，无法正常使用；由于同车中某件装有化学药品的快递发生泄漏，导致快递受到污染，成了一件“毒”快递；由于装卸时粗心大意，导致顾客购买的一件价值不菲的收藏品丢失，造成巨大财产损失。虽说现在快递公司在快递安全保护上有了很大改进，但存在的问题始终无法得到彻底解决。尤其是路程较远需要反复装卸、反复分拣的异地运输，快件损坏的风险就更高了。

信息安全

物流的信息安全主要包括两方面：一是附着于快递包装上的实际文字信息；二是存储在快递公司系统中的海量数据信息。

前者虽然是完全公开的，但也是可控的。比如，对废弃快递包装的面单进行撕毁或涂鸦等破坏性处理，就能有效防止信息外泄。后者是半公开的，只有快递公司内部人员可以查看，但却是不可控的。比如，被黑客盗取、被内部人员无意或有意泄露甚至贩卖等。快递公司掌握着大量的用户信息，这些信息一旦被泄露，对我们的生活和工作造成的影响都是巨大的。当然，信息泄露的渠道有很多，但因为快递泄露绝对是其中一个非常常见的渠道。虽然许多快递公司近年来也加强了对信息安全的管控。比如，运单信息电子化、虚拟化、隐藏化、内部系统信息保密化等，但隐患依然存在。

人身安全

人身安全问题也是最为严重的一种。快递行业的从业人员目前已达到数百万人，不是每个快递员的素质都很高，也不是每个快递员的脾气都很好。比如，2014 年，某公司快递员，因在派件过程中与客户发生冲突，双方互殴，造成双方伤势严重；2015 年，某快递公司的快递员上门取件时，发现对方是单身女子就见色起意，差点铸成大错；2019 年，某公司的快递员因遭到投诉，当街持刀追砍客户；等等。

当然，发生这样的事情并非快递员单方面的问题，有时候客户也有问题。但无论是谁的问题，这样的事情还是发生了，并且将来可能还会发生。

十、非平等交易对价值观的扭曲

1. 夹缝求生

中国的电子商务规模已跃居世界第一位，每天都有上亿件包裹要寄投，并且这个数字还在不断增长。而作为电商基石的物流，又将如何应对和处理如此庞大的包裹量呢？就目前而言，不断增加工作强度和工作时间是最主要的解决方式。中国的快递员可谓是世界上最辛苦的职业之一，他们每天要派送上百件包裹、要拨打上百个电话、要搬运几百斤货物……如果遇到高峰期，工作量还得加倍，有时连吃饭和休息的时间都没有。并且这样的劳作还是重复性的，从早到晚，日日如此，一年四季，风雨无阻。

快递员是社会最底层的劳动者之一，也是最辛劳的一类群体。他们每天除了打电话送包裹，还要时刻担心包裹的安全、自身的安全、客户的投诉、公司的处罚等。包裹送慢了，客户不满意要催促、投诉；跑得快了，行人不满意，影响交通安全。而一旦被投诉，不仅要面临客户的责备刁难，还要面临公司的处分罚款。有时候，客户的一个投诉，可能他们一天甚至几天的工资就没了。大量的快件派送压力、大量的订单揽收压力、客户频繁催促的心理压力、公司下达的业务指标压力等，压得快递员几乎喘不过气来。客户不理解，公司不体谅，他们只能在夹缝中求生存，是最没有归属感的群体之一。

虽然辛苦，但他们依旧敬业。为了保护包裹，他们可以将雨衣脱下盖在车上，任自己被风吹雨淋；为了节省时间，他们可以泡上一碗泡面在寒冬中充饥，任风雪染白了头发；为了尽快送货上门，他们可以背负上百斤的货物一口气爬好几层楼，任汗水浸湿了衣裳……曾有一家快递公司的几名员工，为了帮助一位生命垂危的小女孩尽早拿到从外地寄来的救命药，驱车几十公里到中转场去找寻包裹。他们在成千上万的包裹中苦苦找寻几个小时，最终找到并第一时间开车送往医院。小女孩得救了，而他们却累得精疲力竭。现实生活中，像这样的事例其实还有很多，只是我们未去发现而已。

2. 人心不古

尽管快递员很辛苦、很敬业，但是很多消费者似乎并不买账，认为这一切都是理所应当的。快递没送到家里，他们会嫌服务不到位，发起投诉；快递员说话语气重了，他们会嫌态度不好，发起投诉；一个小时了还没送到，他们会嫌速度太慢，发起投诉；快递外包装脏了破了，他们会嫌影响美观，发起投诉……平心而论，我们真的有必要如此吗？这之中又有多少消费者是故意为之？当然，投诉是消费者的权利，但前提一定是合情合理、合规合法。不顾情理道德、不顾原则法规，这样的投诉即使成功了又能怎样？在良心和道德品格上已是一败涂地。

比如，某客户在寄快递时拒不出示有效证件，反而责怪快递员故意刁难他，最后该客户以态度不好为由，对快递员进行辱骂并殴打。再如，某客户以货到付款的方式在网上购买了一件商品，但在收货时要求先收货并拿回家试用一段时间后再付款，遭到快递员拒绝。在反复沟通无果后，该客户也以态度不好为由，对快递员进行辱骂并殴打。寄快递出示有效证件是法律规定，人人都得遵守，快递员只能执行也必须执行。购买商品时，一手交钱，一手交货，是商品买卖的基本规则，快递员哪有权力和能力来改变这一规则？而有的客户却完全不考虑这些，只考虑个人感受。只要违背了他们的意愿、没按他们的要求做，就不行。

3. 顾客上帝论

无论是在影视作品还是现实生活中，我们经常会看到一些消费者对服务员呼来喝去、责骂威胁的情景。还有客户稍不如意，就会给差评。更过分的是，有些收件人还会要求快递员免费带烟酒；不带就恶言相向，恶意投诉。这是多么可笑、多么可耻的行为。那么，为什么这些人可以明目张胆、肆无忌惮地做出如此举动？

这与顾客至上这一言论有一定的关系。比如，“顾客就是上帝”。“顾客上帝”论把客户变得冷漠，最后甚至连人与人之间最基本的尊重也荡然无存。所以，许多时候，那些非必要的投诉并非为了维护自身的正当权益，而是为了一种高高在上所谓的“上帝”的身份。诚然，客户花了钱，但并不代表就可以随心所欲、为所欲为。再者，你花的钱是否与你要求的服务等价？是否超出了服务范围、逾越了底线？你只给了10元的服务费，却要求别人给你提供100元的服务，这怎么可能呢？这是不公平、不合理的。

伟人说，工作只有分工不同，没有贵贱之分。今天你是别人的客户、别人的上帝，明天别人很可能就是你的客户、你的上帝。今天你以怎样的态度和方式待人，明天别人很可能就以同样的态度和方式待你。所以，请以一颗宽容大度的心对待身边的人和事，这既是一种个人修养，也是社会所需要的正能量。

下篇：新商业模式的兴起

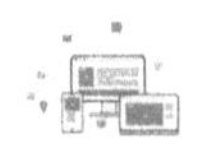

十一、线上与线下

1. 商业三要素

一般认为，商业活动主要由三要素构成：货、场、人。而关于“货、场、人”的定义，由于角度的不同而不同。在这里，我们可以简单地理解为：货就是货物，是用于交易的商品本身；场是卖场，是提供商品交易的地点或渠道；而人是消费者，是商品的最终购买者和使用者。

虽说货、场、人构成了商业活动，但三者的主次顺序并不是一成不变的。随着社会的不断发展和生产力水平的不断提高，三者的顺序也在悄无声息地发生着变化。最初，它的顺序是“货—场—人”。现在，它的顺序是“场—货—人”。而未来，它的顺序可能变为“人—货—场”。

货—场—人

在交通极不便利、商品极其匮乏的时代，商业模式中以货为主，它的主次顺序是货—场—人。由于商品的匮乏，市场处于一种供不应求的状态，所以货是第一位的，场和人都得围绕货来转。这时，货不用担心没有卖场，也不用担心没有买家。所谓“有奶便是娘”，货物的价格完全由销售者说了算，而作为“人”的买家，已处于无关紧要的最弱势位置。比如，早些年我们购买火车票，一票难求。各种黄牛倒买倒卖，肆意加价，一张火车票炒到比原来贵一倍甚至几倍的价格，但依然还有人抢着购买。再如，更早些时候，中国的丝绸、瓷器等商品运到欧洲，不论价格多么昂贵，总有达官贵人不惜花

重金争相购买。在货物稀缺的时代，货是商业活动的中心，是整个商业活动的关键所在。

场—货—人

随着社会的发展，交通变得越来越便利，商品变得越来越丰富，货的地位逐渐下降，取而代之的是场，也就是卖场。卖场为商品和消费者提供了统一的交易场所和平台，进而达到一举掌控“货”与“人”的目的。

最初的卖场并不具备这种能力，那时候的商品售卖很自由、很随意，或者由卖家边走边卖，或者是卖家到集市上卖，或者自己开个小店卖，没有人将商品进行集中化、统一化管理。然而，随着大型超市、大型商场的出现，商品开始被集中化，由自由随意转为统一管理，卖场也因此逐步成为商业活动中的主导力量。比如，美国的沃尔玛，一家以卖货为主的超市却一度成为世界上最大的公司，其老板也一度成为世界首富，中国的苏宁、国美、万达等也是采取这种模式。

如果说纯线下的卖场并未彻底取代货物成为主角，那么以后可能出现的互联网线上的卖场就实实在在地将曾经的“货—场—人”转变成了“场—货—人”，实实在在做到了“场”掌控一切。

在互联网出现之后，可以说，线上卖场几乎独霸整个商业市场。国内的淘宝、天猫、京东，国外的亚马逊、易贝等都已成长为商业巨头，并对整个零售业几乎形成了垄断。而这时候的“货”，已经不再是高高在上，而是打折促销甚至亏本甩卖。货物生产者再难成为首富，而销售者取而代之。货物为王的时代已经结束，卖场为王的时代正式到来。卖场成为商业活动的中心，处于主导地位，而货和人都只能绕着它来转。现在，无论是大品牌还是小品牌，无论是大卖家还是小卖家都会想方设法将自己的商品上架到这些卖场或平台，即使有各种高额的费用和苛刻条件。比如，曾经人们休息时会去大商场或大卖场，而现在我们每天都能登录购物平台。不知不觉中，我们已经被这些线上的“场”牢牢地套住，产生了严重的依赖性，离不开、挣不脱、逃不过。

人—货—场

无论是行商、坐商还是电商，长久以来，作为消费主体的“人”，一直都处于一种弱势地位。究其原因，就是当今购物渠道的不完善以及消费者对商业信息掌握的不全面。

比如，你在街边的水果摊买了两斤葡萄，回家一称却发现少了半斤，如果你事先知道此商贩是个缺斤少两的老板，那么你可能就不会去光顾了；去小区门口的商店买了一盒土鸡蛋，回家却发现是饲料蛋，如果你早知道在一公里以外其实有一家专卖真正土鸡蛋的商店，那么你也就不会进这家店了；在电商平台买了一双某品牌的鞋子，等了好几天，结果收到后却发现自己并不喜欢，且尺码还买错了，如果你早知道在离家不远处就有一家这个牌子的专卖店且里面的鞋子正在打折促销，价格比网上还便宜，那么你也就不会去网购了……

未来，随着科技的发展、时代的进步，我们将实现信息的无障碍互联互通。作为消费者的我们，对于商家信息的获取和掌握将更便捷、更全面，消费行为将更成熟、更理性。不良商家想要再靠旺铺、夸大宣传、刷单、明星代言等手段来获得超额利润，已经不可能。

未来的商业模式将是“人—货—场”的模式，人是核心、是主导，以人为本、以诚相待。这其实也是诚信的回归，是商业本质的回归。

2. 销售三维度

销售者追求三个维度：利润、销量、口碑。三者相互依存，又相互影响。无论是厂家还是商家，他们所做的一切都是力求在这三者之中找到一个平衡点，实现利益的最大化。然而，这个平衡点并不好找。利润太高，销量可能受影响。想让销量好，就得让利或者有好的口碑。而好口碑的获得，又一定是以产品质量过硬、价格合理、售后服务周到等为前提。如此一来，成本投入又势必会上升，整体利润又将受到影响。所以，从古至今，能将三者都做

到极致、名利双收者，寥寥无几。

利润

利润是企业和商家生存的基础。没有利润，也就没有生意可言。

在纯线下商业时代，我们的商业活动都是以追求高利润为主要目的。因为商品的匮乏、交易模式的单一、信息的闭塞和滞后，商家对商品利润的追求相对容易。比如，曾经的手机比现在的手机价格贵很多，而且质量和功能远没有现在的好。因为当时手机还是新鲜事物，消费者根本不知道它究竟价值几何，一切都是卖家说了算。一部成本二三百元的手机，卖家说它值一千元，它就值一千元；说它值两千元，它就值两千元。卖家靠的是他的资源优势、渠道优势和信息优势。再如，丝绸、瓷器等，这些商品都是以追求单一利润为目的，这就是早期的纯线下商业模式的主要特征：追逐暴利、唯利是图。而这些现象一直到电商的出现才有所改变。

销量

电商的出现终结了利润时代，开启了销量时代。

纯线下模式，一家店只能服务附近的一块区域，所以它的销量是有限的，一天卖几单或者几十单就很不错了。而在电商时代，一家店一天卖几十单或许只是小菜一碟，卖上百单或上千单也完全有可能。

电商的出现，改变了我们的销售理念和消费观念，也改变了整个商业模式。商家由追逐单个商品的厚利转为寻求整个商品体系的薄利多销，由一家独大，变为百家争鸣。电商的出现，让各种商品信息、商家信息、价格信息等都实现了公开化、透明化、共享化，让消费者对商家和商品有了更多的选择权。同样的价格，哪个品牌质量更好、配置更高，就选哪个；同样的商品，哪个商家售价更低、服务更好，就选哪家。一部成本二三百元的手机要想再卖两三千元是不可能的了；一家号称独家代理的品牌专卖店想要垄断当地市场、坐地起价，也不可能了。

在电商时代，利润的高低已经不再那么重要，销量才是关键。有些商家

不惜亏本也要冲销量，因为有了销量，才有生存和发展的可能。所以，以销量为目标的价格战的爆发，也就成了一种必然，而且会一直持续下去，直至下一个时代的来临。

口碑

电商时代，销量为王，低价是销售者制胜的不二法宝。但随着消费升级，靠低价冲销量的营销方式必将被淘汰，取而代之的将是新的经营理念，那就是口碑。

如果说电商是在以价换量，以低价和高销量获取市场，那么未来的商业将是以质换量、以品质和口碑获取市场。曾经风靡全国的功能多、造型酷、音量大的山寨手机现在已经绝迹；曾经人头攒动的电子市场、服装市场，现在门可罗雀；曾经靠着低价迅速崛起的购物平台，现在不少也已倒闭。所以，未来的消费将是精品化消费。无论是米面油盐、坚果零食、牛奶饮料、茶叶矿泉水，还是衣服、鞋袜、电脑手机、冰箱电视等，我们在选择时，无一例外地都将更看重品牌、质量、服务和售后，而不再单纯地只看价格。也就是说，未来我们的消费观将逐渐由商品外在的价格属性向商品内在的品质属性转变，而商品内在品质属性的体现就是口碑。以口碑为基础，货真价实、公平买卖，这才是未来商业的最佳出路和最终归宿。

销售三维度（利润、销量、口碑）与商业三要素（货、场、人）事实上是一一对应的。在以货为主的“货—场—人”时代，商家追求的是利润；在以场为主的“场—货—人”时代，商家追求的是销量；而未来在以人为主的“人—货—场”时代，商家追求的必将是口碑。口碑代表的是一种综合实力，是品牌力、影响力、竞争力等的集中体现。也只有有了良好的口碑，才有长期保持可观销量和利润的可能。现在，许多商家已经开始向这方面转型。比如，做线下零售的胖东来超市、线上零售的京东商城等都在尝试以口碑获得市场，且效果明显，这也用事实证明了口碑之于未来商业活动的重要性和必要性。

3. 线上、线下一体化

我们知道，单一的纯线上和纯线下商业模式，存在严重的购物困境和障碍，消费者很难买到性价比高且适合自己的商品。所以，未来商业发展的趋势，一定是围绕解决这些消费痛点、难点进行的。而能破解此难题的唯一方法，就是线上、线下一体化。

可能有人会说，我们不是早就开始线上、线下一起销售了吗，不是早就已经实现了线上线下的互联了吗，难道这还不算是一体化？诚然，目前许多厂家、商家确实很早就开始在线上、线下同步销售，但它与真正的一体化模式比起来还存在很大的区别。大体上主要有三个方面的变化：形式、品质、规模。

形式

当今的线上网店销售与线下门店销售之间是一种竞争关系，而不是合作关系。线上与线下各自为政，线下门店不会为线上网店提供各种售前或售后等服务，线上网店也不会为线下门店开发客户，反而在争夺客户。如今的线下门店除了要面对同行的竞争，还要面对品牌内部的竞争，可谓腹背受敌，其处境的艰难可想而知，所以大量实体店倒闭也就成为必然。这样的模式是一种无关联的线上、线下销售模式。

品质

线上网店与线下门店在品质上采取有差别销售。线上商品与线下商品无论是在产品型号、外观还是质量、价格上都存在着或多或少的差异。在多数情况下，线上商品不会在线下实体店销售，线下商品也不会在线上网店售卖。这样的模式是一种有差别的线上、线下销售模式。

规模

目前能做到线上有网店、线下有连锁门店或加盟店，线上、线下有关联无差别完全同步销售的商家非常少，且一般为大品牌、大商家。大量的中小品牌和卖家依旧采取形式上无关联或品质上有差别的线上、线下销售模式。

线上网店与线下门店或者在形式上毫无关联，或者在品质方面完全不同，所以，当下的线上、线下销售并不是一体化的销售，依旧是一种单一的销售模式。那么，什么才是真正的线上、线下一体化销售呢？

举例来说，某天你家的一个电灯泡坏了需要更换，但是它的型号比较特殊，你跑遍了附近所有商店都没有找到合适的。那么，这时候你只能去网上选购。但是在现有电商模式下，一个商品通过物流从外地发过来需要大概几天时间。也就是说，你有几天的时间要与黑暗相伴，这是件让人很郁闷的事情。而在线上、线下一体化模式下，由于所有商品和店铺实现了网络互联，通过线上平台搜寻本地所有店铺的商品，我们就很有可能在十公里之外的某家同城商店找到你需要的这种型号的电灯泡；或者说，在百公里之外的相邻城市的某个商店找到你需要的这种型号的电灯泡。这时候，你就可以开车去那家店铺购买或者让店铺通过物流送货上门。原本这种小众的、不常见的商品，可能要等一年半载才能卖得出去，现在可能一两个月就能卖出去一件。这无论是对于卖家还是买家，都是一件皆大欢喜的事情。

线上、线下一体化也是未来以人为本、以口碑为基石的“人—货—场”商业模式的必然要求。没有线上、线下的一体化，就解决不了消费者在消费中遇到的一些难题，也解决不了销售者在销售方面存在的一些问题，“以人为本”也就无从谈起，以口碑为基石也就无从落实。而一旦真正实现了线上、线下的一体化，整个商业模式也就发生了质的变化，整个商业时代也就进入了一个崭新的时代，那就是商业 4.0 时代。

十二、流动商贩

1. 管理的规范化

对流动商贩的管理依旧可以归结为“场—货—人”三个方面。场指经营的场所，货指售卖的货物，而人则指经营者本人。

对场的管理

流动商贩占道经营影响行人车辆通行，乱丢垃圾造成环境污染，随意进出村庄带来安全隐患等，这些都是对流动商贩管理方面的难题。许多城市虽规划了地摊经营区域，但由于各种原因很少有人严格执行，因为这与地摊具有流动性的特征是冲突的。

对货的管理

流动商贩的流动性，决定了其所售商品存在质量问题的可能性。比如，在火车站门口买的儿童玩具，玩几次就坏掉了；在展销会上买的皮带，用几天就断掉了；在公园门口买的保温杯，一点也不保温；在路边摊买的昂贵古董，一检测发现是赝品；在天桥上买的包治百病的膏药，一点效果也没有等。如果消费者在流动商贩手里买到了假货次品，想要退换或维权挽回损失几乎是不可能的。

对人的管理

对人的管理，主要是指对从业者从业资质的管理。长久以来，我们对流动商贩是否具备相关从业资质并未做硬性规定。任何人只要有货源，推个小推车、挎个编织袋，甚至往地上铺张报纸就能摆摊。而很少人去过问这个人是否有资格从事这项生意。尤其是食品类流动摊贩。比如，卖煎饼、卖烧烤、卖卤菜等摊位，消费者根本不知道经营者是否患有某些传染性疾病。再如，那些打着助农的旗号去农村卖净水器或锅碗瓢盆的商贩，没有人去对他们的身份进行查验，导致留守老人被骗事件频发。还有卖麻花的、卖切糕的、修沙发的、补房屋漏水的、收旧手机的商贩，真不知道究竟有多少是真、有多少是假，多少人是正经做生意的，多少人打着生意的幌子却干着其他事情。

管理的规范化

开实体店需要登记审批，开网店也需要注册、交纳保证金，而对于流动商贩，似乎没有做硬性规定。落后的商业模式是造成对流动商贩管理空白的主要原因。而在未来的商业模式下，将不再允许有脱离监管、为所欲为的商业行为存在。无论是在城市经营还是在乡镇经营，无论是在白天经营还是在夜晚经营，无论是定点经营还是流动经营，无论是本地经营还是跨省经营，都必定会被纳入严格的市场管理体制之中。

未来，流动商贩出摊很可能需要随身携带管理机关颁发的经营许可证和位置定位器。一方面是为了保障消费者的合法权益，另一方面是为了方便管理机构的管理。比如，当消费者路过一个烧烤摊想要买几串烧烤，通过扫描摊位经营证件发现该摊位评分很低，许多消费者给出了差评，或者说经营者根本拿不出相关证件，这时候消费者就应谨慎选择。再如，某个摊贩在交通要道上摆摊严重阻碍了交通，这时候消费者可以通过线上平台对其进行反馈举报，而管理部门在接到举报后，可以通过查看定位或者直接到达现场，对摊贩采取劝离甚至处罚等措施，从而保障交通的通畅。

建立线上管理平台、颁发经营许可证、安装无线定位系统、开通群众监督渠道等方法，很可能成为未来管理流动商贩的一些措施和方法。比如，现在的网约车市场，无论网约车在哪里，无论网约车要去哪里，通过线上平台都可以对其进行有效的管控，这也是未来规范市场的必然要求。

2. 经营的线上化

线上化不仅是管理的需要，也是经营的需要。

和实体店一样，长久以来，流动商贩的经营方式也是纯线下的。线下销售最大的问题就是客源有限。一个人拉着一车刚从乡下收回来的无公害蔬菜，即使他把车停在路口，以最大的声音反复吆喝叫卖，客流量也是有限的。1个小时内可能只有两百个人路过，而这两百个人里有多少人购买，也是未知数。而在另一个路口，可能一些想要购买这种蔬菜的人却在东张西望、四处寻找，但是很遗憾，他们最终无缘相遇。想卖的不知道去哪里卖，想买的不知道去哪里买。所以，纯线下的销售模式，无论对销售者还是对消费者都是一种损失和遗憾。

线上化后，流动商贩可以在平台上公布自己的销售计划。比如，商品的产地、品类、数量，出摊的时间、地点、路线等，以实现更精准的人—货信息的匹配。比如，你刚下了火车，腹中饥饿，想买个烧饼充饥。这时候，你打开线上平台搜索附近卖烧饼的摊点，发现在你东南方 200 米处就有一个摊点，于是你就能很方便地找到这个摊点，快速地解决自己的饥饿问题。同时，线上化还将伴随一些真实公平的评价机制。这些评价机制将使一些没有诚信的商贩曝光出来，使地摊市场的风气和秩序得到纠正和改善。比如，某位摊贩长期短斤缺两、以次充好，口碑极差，无论他如何变换出摊位置、如何变换售卖的商品，别人只要查看他的线上信息就会知道他的信誉如何了。所以，他再怎么伪装，也不会再有人上当。而这样的摊主如果不改过自新，结局就是收摊歇业。

流动商贩的线上化经营不是简单地把线下商品信息搬运到线上，不是通过一些社交软件和娱乐平台来进行一些私域化的营销和引流。比如，通过 QQ 群、微信群、朋友圈、抖音、快手等方式向自己的朋友、网友、粉丝展示自己的商品，从而达到销售的目的。这虽说也是一种线上化，但只是在当今电商模式下非常初级的一种线上化模式。没有齐全的功能，买卖交易也不便，也没有严格的监管，各种权益得不到保障。所以这种模式，在不久的将来很可能会被取代，并退出历史舞台。

3. 市场的乡镇化

随着城市生活水平的不断提高和城市管理的不断加强，流动商贩在城市的生存空间已经越来越小，处境也越来越艰难。曾经在地铁口、地下通道、人行天桥上随便摆个摊卖点小饰品、衣服、鞋、袜等都能赚到钱，但是现在，即使城管不赶他们走，他们所获得的利润也寥寥无几。还有那些早餐摊点、水果蔬菜摊点、玩具零食摊点等，生意也是一天不如一天。所以，传统的地摊模式在当今社会，尤其是在现代化的大都市里几乎没有了生存的空间，他们的经营内容、经营市场必定要改变、要转移。那么，如何改变、如何转移呢？乡镇化或许是一条不错的出路。

市场的乡镇化，并不是让商贩去乡镇或农村摆摊，而是让他们成为真正的助力者，推动农村未来的发展。因为，农村有城里人梦寐以求的绿色食品。

民以食为天，食品的好坏，关系到每个人的健康。在极度商业化的今天，不健康的食品给我们的身体所造成的危害，想必每个人都很清楚。所以，让无污染的绿色食品重回餐桌将成为一项民生大事。但农村绿色食品想要出山入城，物流运输是一个难题。道路崎岖难行、天气多变、路途遥远、运输成本高昂等因素，让城乡之间的物流运输，长期处于一种落后甚至是空白的状态。一方面，城里人想买绿色食品买不到；另一方面，农村人想卖自家的农产品却卖不出去，这种矛盾的解决方法，未来很可能落在灵活性强的流动商贩身上。

流动商贩一方面将农村的绿色食品卖到城市，另一方面可将城市的商品带到农村去销售，这是一件一举两得的事情。事实上，现在已有不少人在做这样的事情，只是因为各方面条件还不是很成熟，并没有大范围地推广。比如，没有一个官方指定的权威且专业的线上平台作支撑，导致各种资源分散凌乱，无法统一集中匹配；许多农村的道路还未完全修建完成，交通极为不便。再如，许多农村外出务工人员并未返乡，仅剩一些老年人留守在家，种植和养殖能力有限等。但乡村振兴是国之大计，随着国家对农村建设的不断投入，外出务工人员不断返乡，未来城乡之间的物流联系必然会更加频繁和紧密；农产品运输、生产物资运输、生活必需品运输、快递包裹运输等都将更加频繁。

当然，解决城乡物流问题仅依靠流动商贩是不可能的。城乡物流体系的建立和完善必须依靠快递公司、线上货运平台以及流动商贩的通力合作。而流动商贩只是其中的一环，但也将是重要的一环。

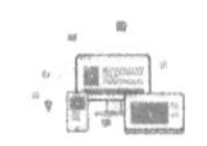

十三、实体店与网店

1. 实体店的线上化

在传统商业模式下，决定一家实体店生意好坏的因素只有一个，那就是进店顾客数量。想要生意更好，商家就得想方设法不断地让客户到店里来，这是一种单向的销售模式。但在网商时代，决定生意好坏的因素变成了两个，销售模式由单向变为双向，一方面要让顾客进店，另一方面要让商品出店，一进一出、一来一往，双管齐下。目前最典型的行业就是餐饮行业。

在过去，如果我们不想自己做饭或者没条件自己做饭，就只能到外面找一家饭店吃饭，而我们首选的就是距离我们最近的饭店。但是现在，我们只需在手机上下单，几十分钟后，几千米以外的饭菜就送到我们面前了，出门已不再是我们唯一的选择，附近的饭店也不再是我们唯一的选择。那些距离我们较近的饭店，也逐渐丧失了地理位置优势。曾经不愁没生意，现在日日为生意发愁。抢走这些饭店生意的不是隔壁的店铺，也不是马路对面的店铺，而是两三千米以外甚至更远的店铺。

未来是一个完全网络化的时代，全民联网、万店联网已成为必然，所有的消费者和销售者以及他们的消费行为都将实现网络互联。对于实体店而言，不仅要将线下的顾客吸引到店里来，还要想办法将店里的商品通过线上渠道主动送出去。我们不仅要获取店铺周围看得见的客源，还要获取 10 千米外甚至更远的看不见的客源。仅靠守望门前过客、坐等顾客上门，已根本无法

适应社会的发展。

餐饮行业是目前我们能切实感受到的转变比较快、比较明显的一个领域，由此诞生的外卖模式，也是目前实体店最主要的一种线上化模式。除此之外，还有许多其他互联网企业通过 App、网站、公众号、小程序等推出同城线上购物模式。那么，至此我们是不是就已经实现了实体店的线上化、实现了商业模式的转型了呢？当然不是。实体店的线上化是线上、线下一体化的一部分，不是单纯地把实体店的商品上架到线上平台去销售那么简单。目前，实体店的线上化既没有做到商家与商品信息线上、线下完全同步，也没有做到对商家及商品的有效监管，平台很分散、杂乱，整个购物过程效率低、体验差。它仅仅是一种单纯的销售方式的增加而已，从本质上来讲，它只是电商的一种，依旧属于电商范畴。

所以，当前的线上化模式只是一种初级模式，更高级、更完善的线上化则是由实体店与网店合作来完成，二者相互结合、相互补充，共同实现线上、线下的一体化。只有这样，才是真正的商业模式的转型。

2. 由独营到共营

无论是行商、坐商还是电商，其经营理念都是一样的，那就是独自经营。在传统观念和旧商业模式下，这无可厚非，千百年来我们都是这样做的，但在未来，这样独营的理念已不再适用。取而代之的是共营理念，即共同经营，共同合作，互通有无，互利互惠。

共营主要有两种模式：横向与纵向。横向的共营指的是同级别的实体店之间的共营，它们之间是一种平级的兄弟关系；纵向的共营指的是品牌方与实体店之间的共营，它们之间是一种上下级的关系。

横向共营

由于单个独立店铺无法充分满足广大消费者的各种消费需求，所以同区域内同品牌实体店之间相互合作、互通有无就显得很有必要。比如，某品牌

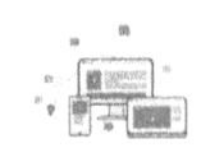

在某城市有多家店铺，这些店铺通过内部系统产生互联，共享商品信息。如果有顾客在其中的某家店相中了某款商品，但却没找到合适的型号，那么其他店可以通过同城物流等方式，第一时间把所需的商品调过来。成交之后，两家店再按约定的比例分成即可。这样既满足了消费者个性化的需求，留住了顾客，又为两家店都增加了订单，实现了共赢，何乐而不为呢？

这种相互之间调货的横向共营模式已经有不少商家在实践，但总体而言，还只是个例，不是主流，而且存在一定的缺陷。想要真正实现一种完善的横向共营，只能等新商业模式的到来。

纵向共营

在线下实体店挑选商品，选好后却不在实体店购买而是在网上下单购买，这种行为已经越来越普遍，也让越来越多的实体店商家无比愤怒而又无可奈何。这是线上、线下分离的旧商业模式不断发展的必然结果。纵向的共营将彻底解决这些问题。

纵向的共营，就是线下实体店与线上官方网店相结合的共营。在线上、线下一体化模式下，线上、线下商品无论是价格、质量还是服务几乎都一样，也就无所谓线上、线下之分。即使消费者在线下实体店挑选商品然后在线上购买，最终这个订单也很可能分配到这家店里，由这家店负责发货和配送。

共营之后的实体店将彻底改变原来单一的小范围经营的模式，将经营的地域范围、商品种类、服务的类别都最大化。例如，曾经你店铺的顾客来源只限于门口这条街、曾经的商品种类仅限于店内货架、曾经的服务仅限于单纯的售卖，而未来你店铺的客户来源将扩大至附近几千米甚至整个城市。因为是线上引流，你店铺的商品种类可以是全类别的，而店铺之间可以相互调货，你店铺的服务也将是多样化的，售前的咨询、体验服务，售中的发货、提货、送货服务，售后的维修、退换服务等都将在实体店进行。

当然，共营必须是利益共同体之内的共营，利益共同体之外依旧是竞争关系。利益共同体可以是品牌、商家，也可以是某大型集团。只有共同的

利益、共同的主体，才能将分散于各地的店铺进行横向与纵向的联结。

3. 网店的线下化

曾经存在几千年的线下实体店模式，在短短几十年间就被线上网店冲击得支离破碎，这是新商业模式与旧商业模式碰撞的一种必然结果，是不可避免的。但纯网店模式经过几十年的发展，如今也是日薄西山，由于长期制约其发展的售前体验、售中物流、售后服务等问题一直得不到根本性解决，加之监管的缺乏，利用科技手段从事诸如大数据杀熟、收集窃取用户隐私信息等非法商业活动，纯网店模式已经被越来越多的用户诟病。而网店要想彻底解决这些问题，只能依托线下实体店。也就是网店必须线下化，与线下实体店形成一种互补与合作关系，取长补短、取优补拙、相互依存、互利共赢。

网店的线下化也分两种情况：一种是自身本来就有线下实体店的大品牌、大商家，这是一种有着严格上下级关系的直营型模式；另一种是没有自己的实体店的中小品牌和中小商家，这是一种没有严格上下级关系的合作型模式。

直营型线下化

直营型线下化是大品牌、大商家将其名下所有线下实体专卖店统一纳入线上管理的一种行为。比如，某品牌电器将全国各地的所有专卖店统一到自己的官方店铺之下，这既是该品牌线上官方旗舰店的线下化过程，同时也是全国各地线下实体专卖店的线上化过程。由于官方店铺的认可度更高，商品更齐全，品质更有保障，所以越来越多的客户更愿意选择在官方网店下单购买商品。官方网店在收到订单后，可以根据订单详情，将其派给客户附近的实体店，由实体店来完成订单。之后，实体店再与网店按约定比例分成。这样既能以最快速度完成订单，又能保障线下店铺与线上店铺的均衡发展，一举多得。

合作型线下化

还有一种情况是没有线下实体专卖店的纯线上品牌和商家，它们需要进行招商合作。比如，某品牌的床垫一直是在线上销售，并未在线下各地开设实体店铺，因为其资金实力不允许。但消费者对于床垫的选购要求不同，究竟是软一点的适合自己还是硬一点的适合自己，究竟是弹簧类的床垫睡着舒服还是乳胶类的床垫睡着舒服，这些都需要亲自体验、尝试才知道，所以这时该品牌就可以与当地的家具城进行合作。

合作型线下化虽成本较低，但同品类之间的竞争却更大，因为家具品牌合作的店铺并不是只经营一个品牌而是同时经营多个品牌，客户进店后就有了更多的选择权。比如，某消费者本来是A品牌的准客户，来到店铺选购A品牌的家具，但通过对比发现B品牌更好，最终很可能放弃A品牌而选择B品牌。同样，B品牌的准客户也有可能转而选择A品牌，看的就是谁的产品更优质、更实惠。

网店的线下化与实体店的线上化相辅相成。未来，无论品牌大小、有没有实体店，那些具有一定规模的、拥有一手货源的网店，几乎都将与线下实体店进行结合，实现线上、线下的一体化。因为这是解决纯线上网店售前、售中、售后难题的唯一办法。

4. 由异地到本地

实体店的线上化与网店的线下化相结合，共同实现线上线下一体化。这不仅是一种简单的线上线下销售方式的转变，更是一种深层次的经济模式的变革。

纯粹的电商是一种异地经济模式。从一个固定的地点通过物流公司把商品发往全国各地，这种模式有利有弊。利是局部的利，而弊则是整体的弊。比如，在网上买袜子，发货地可能是远在千里之外的义乌，而本地企业生产

的袜子却鲜有人买，甚至连门口商店的袜子都无人问津，这就导致本地经济越来越不景气。与此同时，那些做大做强的淘宝村、淘宝镇却“收割”着全国各地的财富，使财富进一步集中到小部分地区的少数人手中。这不仅进一步加大了贫富差距，更会影响整体经济的均衡发展。

网店的线下化，开启了网店与实体店相互合作、异地与本地共同发展的新经济模式。未来，同样是在网上买一双袜子，发货地不会再是远在千里之外的义乌，可能是从距离消费者几十公里的义乌小商品第 88 号仓库发出，也可能是从距离消费者几公里的义乌小商品第 188 号商店发出；物流配送也不再需要四五天，很可能只需四五个小时甚至四五十分钟就能收到，或者消费者还可以凭订单直接到店铺提货。

异地变本地，长途变短途，网店的线下化让消费者与商品之间的空间距离和时间距离都变得越来越短，这也大大减少了商品的无效运输。在电商模式下，几乎所有商品都是从很远的地方发货。如果遇到质量、尺寸、型号等问题需要退换货，又得千里迢迢地返回去，造成二次运输、多次运输。这种重复的、无效的物流运输在电商时代非常普遍却又难以改变，它不仅让物流成本成倍增加，更让消费者的购物体验急剧下降。而本地发货、就近发货，将大大减少此类问题的产生。即使发生了，也能做到快速有效解决，将成本最低化、将效率最高化。

在电商时代，因为线上网店与线下实体店是竞争关系，而且毫无悬念地是前者压倒后者。而网商时代则是实体店回归的时代，因为线上与线下相互合作，二者之间的利益关系已由争利变为互利，由独享变为共赢。比如，义乌生产的商品，它的线上网店与线下实体店相比，将不再具有绝对竞争优势；它的利润也将与本地实体店共享。同样，其他的商家和品牌也将如此。未来的发货模式，基本上都会采取本地就近发货的模式。电商现有的异地发货、长途运输模式已然落伍，正在慢慢地被新模式所取代。

5. 店铺的优化

无论线上店铺还是线下店铺，都有优劣之分。有的店铺一心一意做产品、做服务，也有的店铺只想赚钱。在旧商业模式下，我们很难进行辨别，而线上、线下一体化后，所有店铺的庐山真面目将一一呈现。优质的店铺将越来越受欢迎，劣质的店铺将逐渐被淘汰，无论线上还是线下都将如此。所以，网商时代，也是一个店铺不断优化升级的时代，线上网店与线下实体店都将以一种崭新的面貌展现在消费者面前。

网店的精减

在电商时代，由于开网店的门槛比较低，监管也并不十分严格，所以网店的数量非常庞大，质量也参差不齐。同样一件商品，网上有成百上千家网店在销售，应该选择在哪家购买？它们之间又有什么区别？商品是一样的，价格也差不多，连发货地可能都是同一个地方，那这么多的网店存在的意义是什么呢？网店又没有地域之别，地址在北京的网店和地址在广州的网店对消费者而言都是一样的，都是眼睛到手机屏幕的距离，所以，这种网店的存在意义已经越来越小。尤其是那些没有任何商品、专门倒卖别人店铺商品的空壳店铺，更是没有存在的必要。在网商时代，各厂家、各品牌的官方网店将是消费者的首选，线上消费也将主要集中在一些正规的有保障的店铺。

当然，网店有千千万，但无论是什么样的网店，卖什么样的商品，网店优化一定是未来的必由之路。未来的网店也一定是商品和服务都有保障的优质网店。

实体店的回归

实体店是线上、线下一体化的根基和依托，也只有实体店才能为客户提供更为全面的服务。比如，更真实的产品体验、更快速的物流配送、更直接的售后服务等。所以，实体店虽在电商时代是衰落的状态，但在未来的网商时代则将重新回归和繁荣。

实体店的回归不是简单的数量上的增加，和网店一样，实体店也必将迎来一系列的优化。比如，更完善的硬件设施、更整洁的店铺环境、更专业的业务能力、更好的服务态度等。更重要的是，诚信的回归。未来实体店单打独斗的情况将越来越少，将是线上化与网店或品牌方共营。所谓“一荣俱荣，一损俱损”，实体店与网店相互监督，严格管理，曾经的小老板思维和做法将被淘汰，取而代之的是共营模式下各种规范化的销售制度。比如，再也不能以劣质商品充当优质商品，再也不能缺斤少两，再也不能对客户爱答不理等。

无论是网店的精减还是实体店的回归，目的只有一个，那就是为消费者提供更优质的商品和更周到的服务，存优去劣，回归诚信经营，回归良性发展。

十四、新销售逻辑

1. 口碑回归

口碑传播与广告是商品销售中最常用的两种宣传方式。

口碑最原始也最可靠，众口相传，久而成碑，一步一个脚印。曾经，许多商家和品牌正是靠着良好的口碑才成就其百年老店、百年品牌的美誉。

广告是媒体时代的产物，四处宣传，广而告之，一夜成名。当下，许多商品和商家正是借助广告效应短时间就名声大噪、家喻户晓，摇身一变成为“知名品牌”“著名商标”。

口碑是“他人说”，各抒己见，客观公正、可信度高，但其传播速度较慢。广告是“自己说”，自卖自夸、主观偏颇，可信度较低，但其传播速度却很快。互联网时代是快节奏的时代，是沉迷于赚快钱的时代，所以快而浮夸的广告深受欢迎、大行其道；慢而求实的口碑传播却少有人在乎，甚至被抛弃、被遗忘。

失去口碑传播的商业模式是不完整且存在严重缺陷的商业模式。就好比我们看一个人只看其外表不看其内心，这样的方式一定是片面的、肤浅的，是不可能准确认识这个人的。坏人不会把“坏”字写在脸上，好人也不会把“好”字顶在头顶，想要对一个人有全面深入的了解，就一定要看其外表观其内心，而口碑就是商业的“内心”。

一家景区的餐馆常年“宰”客却没有倒闭，每天还生意火爆。因为进店

消费的顾客都是流动的游客，买卖关系大多是一次性的。老板并不打算让顾客成为回头客，顾客也基本不会再来第二次。所以，尽管买卖存在不合理，但许多人还是选择“自认倒霉”；偶有“较真者”选择维权曝光，但往往收效甚微，并且维权成本高，甚至还有可能遭到人身威胁。所以这种不合理的现象也就长期存在，这些不良商人也就得以继续正常营业。

某个奶茶品牌，经过精心策划和大量的广告投入成为知名品牌，购买者也是络绎不绝。但实际上奶茶并不怎么好喝，许多配料还对我们的身体有害。然而遗憾的是，知道真相的人并不多，知情者也不可能见人就说不要去买，顶多自己不再去买。

还有那些以办卡充会员的方式来坑害消费者的店铺；以捆绑其他商品强制消费者进行额外消费的店铺；以单件不打折、第二件半价强制消费者消费的店铺；以暴力恐吓欺凌消费者的店铺……这些劣质店铺长期存在于我们身边，很可能我们还天天从这些店的门口路过，却无法发觉。

当然，我们身边也有一些优质的店铺存在。比如手艺精湛、价格合理的平价理发店，干净卫生、食材新鲜、味道好的快餐店，医术高超、药到病除的老中医馆，等等。很可能我们也是天天从店门口经过，却不知道。

没有口碑，无良的劣质商家无法被曝光，良心的优质商家难以被发现，我们的消费也就变成了靠运气的消费。运气好，碰到了良心商家皆大欢喜；运气不好，碰到无良商家就只能自认倒霉。网商时代将是口碑回归的时代，口碑也会成为衡量商品和商家优劣的最重要标准。

网商时代的消费者不再是孤立的，消费行为也不再是孤立的。优劣好坏、美丑善恶不再只沉寂于消费者的心底，而是会被真实地表达出来、分享出来。无论是不良商家还是良心商家、是徒有虚名的商店还是货真价实的商店，都将被消费者打上相应的标签，并以文字、图片、视频等方式记录下来，公布于网络上，让后来的消费者能及时分辨出真假优劣。线下实体店如此，线上网店也是如此。无论花多少钱打广告、做推广，获得再多流量，如果口碑上不去，一切都是徒劳。就好比无良商家雇几个人去村口强行把过路的人拉到他的店里，但人家进店一看，留言板上全是差评，他们还会买吗？

网商时代，不仅是口碑回归的时代，还将是口碑独立成为一套完整的社会信用系统的时代。与当今的征信类似，未来所有的人、事、物都将被纳入这套系统之中，进行考核和记录。它不同于当下的某些口碑网站，也不同于某些平台关于商品和商家的留言评价。因为在当今的商业模式下，我们根本无法保证评价的客观性和真实性。虚假的评论随处可见，真实、有价值的评论却往往被删除；恶意抹黑者有之，实事求是者也有之；有真实客户的真实评价，也有虚假账号的虚假评价；花钱可以买来好评、利诱可以骗来好评，装可怜都能换来好评。试问这样一套真伪难辨的口碑系统是真实有效、客观公正的吗？它实际上是一套伪评价系统、伪口碑系统。

真正的口碑系统，一定是一套具有绝对真实性和权威性的全民考核系统。不可弄虚作假、肆意妄为、随意删除更改。无论是公众人物还是普通群众，不分贵贱、不管贫富，人人都对自己的言行负责，人人都参与其中，没有例外。

2.“销”“售”分离

网商时代是一个“销”“售”分离的时代：线上销，线下售；线上产生订单，线下完成订单。

推销宣传是线上的优势，售后服务是线下的优势。线上、线下相互协作，各司其职。实体店不必再为销量发愁，不必到处拉横幅做宣传；也不必担心网店抢生意、担心客户都去网店购买而不进入实体店。同样，厂家也不必再为服务而操心，实体店可以近距离甚至面对面地与客户进行沟通、服务，节省了时间，提高了效率，更重要的是改善了购物体验，提升了客户满意度。满意度越高，也就意味着客户的回购率越高、成为老顾客的概率越高。

商家除了通过广告推销，还可通过第三方平台进行口碑推销。如果某商家的客户具备一定的商品鉴别知识和技术，或者是某商品的忠实用户，有良

好的使用体验，那么他就可以到该品牌的官方网站去做推销申请，然后向他的粉丝及亲朋好友进行推广。比如，有一家小酒馆，老板的酒酿得很不错，香醇味美，但由于是小作坊，没资金、没名气且位置有些偏，所以长久以来，生意并不怎么好。在旧商业模式下，它只能听天由命，困于巷落。但在新商业模式下，借助第三方平台，较短时间内小酒馆可能就会声名远播，改变曾经冷清无人知的现状，真正实现“酒香不怕巷子深”。

口碑推销与当今的带货模式很相似，但又有着本质的区别。当下的带货模式是以佣金为基础，商品好不好、评价真不真实是次要，只要佣金给得高，有钱赚就行；而未来的品牌推广则是以口碑为基础，佣金的多少是次要。所谓君子有所为、有所不为，佣金少了可以再赚，如果口碑崩了则再难找回来。

口碑的回归及“销”“售”的分离，也给了中小企业和中小品牌更多的出路和机会。大品牌、大商家有雄厚的资金，可以做大量的广告宣传，从而提高知名度，但中小企业、中小品牌没有足够的经济实力来宣传推广自己，所以就只能被大品牌大商家长期压制，难以翻身；哪怕你的产品质量可能比大品牌的还好，但就是难有出头之日。而未来，广告已不再是唯一的出路，依靠好的口碑也能打开一片天地。

3. 中间商转型

在传统商业模式下，由于信息交流的不顺畅和交通运输的不便利，导致我们在交易过程中出现大量的中间商。这些中间商以赚差价为目的，囤积居奇。而随着互联网和电子商务的出现，消费者与厂商之间有了更多面对面交流和交易的机会。因此，大量的中间环节被省去，大量的中间商也就被淘汰出局。但交易并非一件简单的事，省去中间环节的电商，在客户体验这方面一直都不怎么好，所以未来的新商业时代将是中间商回归的时代。但此中间商非彼中间商，二者又有着本质的区别。“聚沸靡之财，蓄积待时”，以赚差价为目的，妄图少劳多得甚至不劳而获的中间商，在新商业模式下已经没

有了生存的空间。他们唯一的出路就是转型，转型为以赚取服务费为目的的服务商。比如，售前的咨询、体验服务，售中的仓储、配送、安装服务，售后的维修、更换服务等。

售前服务、售中服务、售后服务是未来商业活动的核心之一，所有商家都将花大力气来做好这些服务。有实力的大品牌、大商家为了给消费者更好的购物体验会建立独有的、完整的售前、售中、售后体系，从体验店到仓储到物流配送都由自己完成。而大部分没有足够实力的中小品牌、中小商家则只能找第三方合作，由专业的中间服务商来协助完成。也正是因为服务需要专业性人才，在网商时代越来越多的人将脱颖而出，他们靠自己的专业知识和专业技能在售前、售中、售后等环节找到自己的用武之地，实现自己的价值。

比如，商品测评主播。许多消费者在购物时，面对市面上琳琅满目的商品不知该如何选择，因为他们对商品的性能和特点并不了解。而专业人士能通过对商品性能的测评及对商品参数的解读来找到优质的、合适的商品并推荐给消费者，这就很受消费者欢迎。

再如，车辆评估师。当今动辄要投入几百万元、几千万元才能做的二手车市场，未来可能只需几十万元甚至几万元就可以入局。只要他们有一套专业的车辆检测设备，具备专业的车辆检测技术，能出具公正真实的检测结果，给出公平合理的评估价格，并且熟悉二手车交易的各项流程。那么，他们就可以在二手车买卖的中间环节为客户提供他们所需的相关服务，并收取相应的服务费用。

还有房产中介。目前，房产中介这个行业入行门槛比较低，所需的专业知识并不多。在网上发发帖、带客户看看房，一次成交就能抽取几千元甚至几万元的佣金，他们的劳动与收入匹配吗？未来，中介很可能由持有证件的、专业的房屋评估师或专业机构来接替。专业的评估人员或机构对房屋进行客观公正评估，给出价格范围，指出房子的优缺点，提出买卖建议，最后买卖

双方直接面对面无障碍交流。而中间的费用，也由原来的交易提成变为相关的服务费用，如评估费、代办费等。整个过程，也公开、透明、专业、严谨。

除了专业的知识技能，信誉口碑也至关重要。未来的口碑就好比今天的征信，征信不好会影响我们的工作和生活，口碑不好也是一样。口碑评分如果太低，不但工作、生活会受到影响，还可能会丧失许多机会。比如，某些品牌对于合作商就会有口碑的要求，口碑评分太低就不会与之合作。哪怕这个合作商名气再大、粉丝再多，也会被拒之门外，就好比今天的劣迹艺人无法再进行商品代言一样。

从赚差价到赚服务费，从以资金为基础到以专业技能为基础，中间商的门槛会越来越低，但整个行业却会越来越规范。以专业的知识、技能及良好的信誉和口碑为基础，未来，人人皆可在海量的商品交易环节找到属于自己的一席之地，获取属于自己的那一块蛋糕。

4. 旺铺终结

纯线下商业时代，一家实体店铺生意的好坏是由其地理位置决定的，所以有“旺铺”“黄金位置”这样的说法。但是随着互联网时代的到来，电商的兴起，商业模式的转型，地理位置之于店铺的重要性已经变得越来越小。

旺铺的租金是普通店铺的两三倍甚至十倍，在传统的“引客入店”思维模式下无可厚非，毕竟它占据各种优势，能引来大量客流，但在电商“商品出店”思维模式下，它就完全没有用武之地。一方面，电商卖家不会租赁价格昂贵的“旺铺”，而是会选择在价格更便宜的偏僻之处开店，有的甚至干脆直接以仓库替代店铺，完全不需要开门营业、不接待客户；另一方面，电商卖家在大量抢夺线下实体店的客户，疯狂抢夺实体店的生意，导致实体店铺尤其是租金高昂的“旺铺”迎来一波又一波的关店转让潮。但电商自身也存在不少缺陷，所以线上电商对于线下实体“旺铺”只能是一种冲击，而不会是完全地取代。真正终结“旺铺”的是未来的网商，是线上、线下的一体化，是“销”“售”的分离和口碑的回归。

未来，实体店的主要作用是售而不是销，是提供服务、完成交易，而不是宣传推广、产生交易。交易的产生主要靠的是线上，而不是线下，进店的客流来源也主要来自线上的精准引流，而不是门口路过，顺便进来看一看、逛一逛的散客。所以，在网商时代，店铺生意的好坏不再由地理位置决定，而是由商品的品质和商家的服务决定。品质和服务越好，口碑也就越好。口碑好的店铺位置再偏，客户也会众里寻它、慕名而至；口碑差的店铺，位置再好，客户也只会过而不入、视而不见。并且，在今天高房价的压力下，在出门必开车的生活习惯下，位置偏僻一点的店铺可能更有优势。其一，租金更低，可以节约不少成本；其二，停车更方便，能为消费者提供更好的购物体验。同时，如今高度精确的电子地图让消费者不再有出行的烦恼，无论商家的店铺在哪条街、哪个巷子、哪个角落，地图一搜、导航一开，具体怎么走、距离还有多少米、有没有停车位等都写得清清楚楚、明明白白，消费者再也不会有找不着路、寻不到店的情况。

十五、新物流之运输

1. 仓储系统的广泛建立

一件线上购买的商品想要在最短时间交付到客户手中，只有两种方法。其一是加快运输速度，其二是减少运输里程。就速度而言，目前大部分快递公司基本上都已经做到了极致。航空、高铁、公路、水路；两班倒、三班倒、半夜加班、周末加班、节假日加班；无人机、无人车、大数据、云计算、智能分拣、实时定位等。可以说，到目前为止，快递公司已经将能利用的运力、人力、科技手段都用上了。所以快递运输想要在运输速度上有大的提升和突破，基本上已经不可能，只能从运输里程上进行改进。而想要缩短运输里程，建立仓储系统是唯一的选择。

仓储的类型主要分为两种，一种是整仓，另一种是零仓。

整仓主要是指综合类的大型仓库，可以存放海量商品，服务大量商家，辐射广大区域。比如，天猫超市广州仓、京东西南大仓、亚马逊欧洲仓等。商家将商品提前运送到某个区域的仓库存储，就近发货，缩短配送距离，让客户能尽快收到商品。

零仓主要是单品牌的零星小仓库，它一般不对外开放，只是某个品牌或某类商品在某个城市的存放点。它的时效更快，成本也更低。比如，某服装品牌在某个城市有五家店，它就可以在该城市租赁一个小仓库专门为这几家店存货、供货。如果店铺有自带仓库，还可以直接采用仓店一体的模式，进一步节约成本。

仓储模式使线上购物的配送时间越来越短，由曾经的十日达、七日达，缩短到目前的三日达、次日达甚至当日达。未来缩短至三小时达、一小时达甚至半小时达也是完全有可能的，并且很可能会成为一种常态。

仓储系统的广泛建立，也是线上、线下一体化的必然结果。这种模式还将完美解决快递爆仓的问题，让快递公司从此不再有爆仓的烦恼。首先，由于是本地就近发货，一部分商品，客户会选择自提或者由商家自行安排配送，这就大大减轻了物流公司的压力；其次，还有一部分商品，快递员是可以接单直接派送的，不需要再运回网点，这又给快递网点减轻了压力；最后，那些要发往外地或者由外地发过来的商品虽然都需要集中到网点，但这样的异地订单数量有限，且未来的配送分离制会让包裹中转的速度更快，所以快递爆仓在网商时代几乎不会再发生。

2. 集中专业运输

仓储模式的广泛运用，也为商品的集中专业运输提供了基础和可能。未来，越来越多的商品将采用集中专业运输模式进行运输，而不是目前大多数快递公司采取的“一锅烩”运输模式。无论文件、衣服鞋帽、手机、电脑、沙发、电视还是水果蔬菜、肉类海鲜等都是一车装，这样就导致了许多问题的产生。比如，生鲜食品没有冷藏运输导致中途坏掉，腐烂发臭，污染整车货物；电池类商品可能由于高温发生自燃导致整车货物被烧毁；由于要统一装货发车，那些加急类包裹可能得不到及时发货，导致时间延误；由于大件商品与小件易碎商品没有分开装载，导致在运输过程中一些货物被压碎或压坏等。而想要规避这些问题，唯一的方法就是将物流过程进行细化，对某些特殊商品进行集中专业运输。

以大闸蟹的运输为例。目前，我们依旧采用速度最快的航空方式进行运输。航空运输虽然快，但问题也很多。首先是成本问题。一份大闸蟹从发货

地到客户手中所产生的包装费和运输费，可能比大闸蟹本身还贵。其次是成活率问题。客户能不能吃到新鲜的大闸蟹，很大程度取决于他们购买的这只大闸蟹生命力的顽强程度。生命力强的多活两天，那么他们就能吃到活蟹；生命力差的运输途中就“一睡不醒”，那么他们收到的就可能是一只死蟹。最后是品质问题，也就是新鲜度问题。由于长时间处在密闭环境中，许多大闸蟹到达目的地以后，它的肉质、营养成分等，也会大打折扣。

如果采用专业运输，那么无论是运输包装成本还是成活率、新鲜度等都将得到明显改善。比如，我们先用专业的水产车将大闸蟹运输到各个专业的一级区仓。在区仓进行筛选换水补食等处理后进行二次分拣，再用水产车运输到下一级仓库。而在末端的配送环节则可以与当地的水产店和有水产存储能力的超市进行合作，设置提货点或者配送点。

集中专业的运输是未来重要的运输模式之一。无论蔬菜水果、鸡鸭鱼肉等生鲜类食品，还是家具家电、设备器械等大件物品，都可进行集中专业的运输。专业运输不仅可以降低运输成本，提高运输的效率和质量，更重要的是，还能整合社会闲散资源以及提升用户满意度，是网商时代对物流运输提出更高要求的必然结果。

3. 包装的环保化

我们知道，物流每天所产生的海量包装垃圾已经给环境造成了非常严重的破坏，所以未来的物流不仅要更快速、更安全还应该更环保。那么，如何才能做到让物流的包装更环保呢？大体上而言，可以分为两个方面。一是量，尽量减少包装的使用数量；二是质，尽量采用环保的、可循环的材质。

减少包装的使用数量主要是指在线上、线下一体化模式下，由于采用了就近发货、集中专业运输等方式，物流运输距离更近、运输时间更短、运输工具更专业，所以将货物的包装化繁为简甚至完全省略都是有可能的。

同样以大闸蟹为例。在电商时代的产地直发模式下，每笔订单都会产生一个包裹，一万笔订单就会产生一万个包裹，这其实是对资源的极大浪费，也使运输成本居高不下。哪怕 A 城市在同一天就产生一千单，甚至同一个小区就产生了几十单，但这些订单仍然没有办法一起打包发货，依然还是一单一包裹。气泡垫、泡沫箱、冰袋、塑料袋、纸箱胶带、编织袋等，里三层外三层的包装材料将大闸蟹裹得严严实实，而这么多的包装材料一旦到了收货地就变成了垃圾，被扔进垃圾桶，最后破坏土壤、水和空气，造成严重的环境污染。而如果采用集中专业运输，采用就近发货模式。那么，包装几乎都可以省略掉，甚至到最后，只用一个简简单单的塑料袋就能完成配送。同时，大闸蟹的成活率、新鲜度等还能得到更好的保障。

采用环保、可循环材质，主要是指制作包装的材质要健康环保以及尽可能地进行回收循环使用。

劣质材质的包装不仅会对环境造成污染，更会对我们的身体造成直接或间接的伤害。比如，购物用的塑料袋、蜡纸袋，快递用的防水袋、泡沫箱，外卖用的餐盒、塑料杯等，这些包装都会对我们的身体造成不同程度的伤害。而在所有行业中，外卖领域更是重灾区。无论是塑料餐盒、纸质餐盒还是可降解餐盒，在盛装食物的过程中或多或少会有一些有害的化学物质渗入食物之中，给我们的身体带来伤害。尤其是那些经过煎炸炒煮的高温、超高温食物被直接倒进一次性餐盒，会产生大量的有害物质充斥在食物中。所以，研制出健康环保、可持续循环使用的包装是一件迫在眉睫的事情，无论是外卖领域还是其他领域都是如此。

就外卖领域而言，未来的包装很可能是采用陶瓷、食品级不锈钢、各种隔热保温材料等混合研发的专业快餐盒。这样的快餐盒由专业的餐具公司研发生产，生产商明码标价将餐具卖给外卖商家，然后外卖商家再以原价卖给客户，客户用完餐后再将餐具退回给餐具公司，从而实现循环使用。而在这个过程中，外卖商家与餐具公司之间几乎不产生任何利益关系。外卖商家只赚外卖的钱，不赚取任何包装上的差价，餐具使用费是消费者与餐具公

司之间的事，餐具公司在用户退还餐具时按一定比例扣除费用即可。而因为是可循环使用的餐具，所以这个餐具的使用费远远低于购买一次性餐具的费用，更重要的是这样的快餐盒既环保健康又保温隔热，还能重复多次循环使用，无论是在使用的成本上、食品的安全上还是环境的保护上都是革命性的改变。

再如快递。一些特殊的包装，如装贵重物品的保险箱，装果蔬、生鲜的保温箱，装精密器材、古玩藏品的防震箱等，都可以由专业的包装公司生产，然后出售给物流公司。物流公司遇到有特殊包装需求的客户时，直接卖给客户使用，使用完成后，客户支付一定的使用费并将包装退还给包装公司，从而达到特殊包装循环利用的目的。

4. 由长途运输到短途运送

电商时代的物流运输以异地发货、长途运输为主。网商时代的物流运输则是以本地发货、短途运送为主，所以未来的物流考量的不再是针对异地货物的运输能力，而是针对本地客户的服务能力。物流重心也将由长途变为短途、由异地变为同城、由运输变为服务。这也是越来越多的物流公司选择加大同城配送领域投入的原因。

那么，长途如何转变为短途呢？举例而言，新疆的葡萄熟了，这些葡萄通过线上销售和快递运输的方式销往全国各地。在电商模式下，如果一天卖出一千单，那么就会产生一千个包裹，哪怕这些包裹都是发往同一个城市、同一个地区的。而在未来的网商模式下，这一千个包裹则会被合并成一个包裹发往当地的合作门店。合作门店在收到包裹后，按照订单详情重新对包裹进行拆分和简单包装，然后再交给第三方配送公司完成配送。也就是说，这批葡萄订单由原来的一千个长途包裹变成了一个长途包裹加一千个短途包裹，由原来的一家快递公司负责配送变成了可以分配给本地多家配送公司共同配送，这无论是对运输成本、配送效率还是客户满意度都是极大的改善。

并且，随着技术手段的不断提高，对订单进行预估，对商品进行预发货、预存货也将变得越来越准确，越来越普遍，这也使长途变短途、异地变同城的运输模式有了更大的可行性。

远距离的一单一发、有单才发、运输缓慢、派送拖延模式转变为近距离的就近发货、实时发货、急速送达模式，这不仅使物流公司的效率得到了大幅提升，物流成本大幅下降，还将使整个物流市场迎来一场大变革。

曾经没有大量的运输车辆、没有遍布全国的分拣中心、没有成千上万的营业网点，想要入局物流行业是一件不可能的事。但是未来，物流的准入门槛将越来越低，只需要一个用于收集和管理各项数据的软件就有可能实现联通全国的物流网。这与当今的客运系统是一样的道理。我们由曾经单一的专职出租车模式转变为如今多样化、平民化的网约车模式是技术的进步，也是市场化导向的结果。而货运系统由单一的、专业的快递模式转变为多平台、全民化的速送模式，也是技术进步与市场化导向的结果。比如，现在的各种外卖配送、跑腿软件、拉货软件等，它们专注的只是同城的、短途的货运市场，不需要配备长途运输工具和中转场所，不需要跨市、跨省进行资源协调，只需要提供一个整合管理各项业务数据和用户资料的平台，而加入的配送人员，也不需要具备特别专业的运输工具与技能知识。

同时，各种开放式货运平台的推出，不仅使物流信息能更精准地进行匹配，也使各种社会闲散资源得到了整合。比如，前文提到的城乡之间的物流运输难题，如果没有开放的线上平台作为媒介，就很难得到解决。例如，小张拉了两台空调送往乡下的小李家，而和小李同村的小王刚好有一箱水果要带往城里的亲戚家。如果没有平台的辅助，小张空车返城可带货与小王无车进城需带货根本就无法实现匹配和互通。哪怕是同在一个村、相隔几百米，也只能错失良机。

更重要的是这些开放式货运平台对物流业核心竞争力的改变。一千个从新疆发到广州的长途包裹，即使用空运也不可能比直接从广州发往广州要快；即使运费再怎么打折，也不可能比一千个广州发广州的短途包裹便宜。所以，速度快、运力强已不再是快递公司立足市场的资本，即使他们有上千辆汽车、上百架飞机，有专用的机场，最先进的分拣中心，也不一定能高枕无忧地笑到最后。

十六、新物流之派送

1. 配与送的分离

需求高、效率低是目前物流行业的整体现状。一方面，物流行业每天产生的包裹越来越多，配送需求越来越大；另一方面，物流配送效率依旧很低，成本依旧很高。据不完全统计，如今的快递和外卖配送人员数量已达千万，虽然如此，物流人员还是每天都生活在高压力、高负荷、高风险之中。所以，改善物流业的配送模式，提升物流业整体配送效率是未来物流业亟须解决的问题。

物流配送的过程实际上可以一分为二：配与送。配是线路的分配，送是末端的派送。线路的分配可分为干线与支线，但目前我们大部分的快递公司都忽略了这个支线，或者直接认为是末端，这其实并不妥当。什么是末端？末端就是到头了，不能再往下分了。它是一个点而不是一个面，是一百米或几百米的有限范围而不是一公里、几公里甚至几十公里（乡镇）的广大区域。目前，快递公司划分给快递员的末端派送正是这样的一片片区域。在这片区域里，可能分布着数十家工厂、数百间商铺、数千家住户，而服务人员却只有一个。一名快递员既要派送快递，还要收取快递；既要打电话、发短信，还要等待取货或送货上门；既要争分夺秒地完成公司分配的派件任务，还要想方设法地完成公司要求的收件任务。这样的工作，即便是超人恐怕也不可能做到将每个快递都送货上门，将每位客户都服务得妥妥当当，这也就直接导致末端快递员当前的艰难处境。更有甚者，有些快递公司还将几个乡镇上百平方千米的区域划归为一个区域由一名快递员负责，还规定必须单单送货上门，这岂不是滑天下之大稽？但这样的事是真实存在的。无数的快递员已经被所谓的末端配送压得喘不过气来，甚至被逼得做出各种极端行为。

快递公司的网点与客户之间的距离近则几百米，远则几千米甚至几十千米，所以这一定是支线和线路，而不是终点和末端。在这一条条线路之上的驿站才是真正的终点、真正的末端。近年来，各种各样的快递驿站如雨后春笋般涌现，遍布于大街小巷。比如，菜鸟驿站、邻里驿站、妈妈驿站、驿收发、快递超市等。虽然快递公司的叫法不同，但基本上统称为驿站。驿站大规模地出现，一方面是因为快递公司为了抢占市场；另一方面是因为快递公司已然意识到传统的快递派送模式已经无法胜任当下的派送需求，不得不对运营模式进行改革。

配、送的分离，将快递员由原本对末端包裹的派送转变为对支线包裹的分配，明确支线与末端的区别，明确分配与派送的分工，这不仅能改变当下末端派送的乱象，还能精减快递公司的从业人员。未来的快递员只需负责对支线包裹分配以及对驿站的管理即可，所有末端的工作将完全交由驿站来完成。

2. 驿站的基础功能

驿站作为未来快递的真正末端，它的职责其实很多，目前大部分的驿站只是起到存寄快递的作用，这是远远不够的。大体上而言，驿站的功能主要有两个：一是快递的基础功能，二是商品的拓展功能。

快递功能是驿站的基础功能，主要内容包括快递的存放、收寄和派送。

存放快递是驿站最主要的功能，方便收件人随时取件，也为小区和办公楼的物业减轻了负担。关于物业是否有帮助业主收取、保管快递的义务，一直存在争议，此项服务也存在管理和安全上的隐患，所以包裹交由专业的驿站来保管无疑是更稳妥的。

收寄快递主要是方便客户寄件。目前的寄件方式主要有两种，一种是被动等待快递员上门取件，另一种是主动到快递网点寄件。等快递员上门可能等半天也等不来，不如主动去网点寄件方便。所以，驿站作为与客户距离最近的快递接触点，兼具快递网点的寄件功能是相当有必要的。

派送快递是一项增值服务。关于快递是否应该每单都送货上门，事实上一直存在争议。尽管快递公司及相关法律法规都明确要求送货上门，但从实际情况来看，根本做不到。我们每天会产生多少个快递？每个快递员每天平均要派送多少个快递？每个快递的派送平均要耗费多少时间？每件快递要收取多少费用？每件快递分给快递员的派送费又是多少？这是一笔并不难算的账。所以，未来快递送货上门将会是一种按需选择的增值服务，而不是所谓的无差别的免费服务,并且这种服务将由驿站来提供而不再由快递员来完成。

由附近的驿站提供送货上门服务，实际上比由快递员提供上门服务更加高效、安全、合理。

首先，就效率而言。一名快递员想要完全熟悉其所在区域的街道、小区、办公楼等环境，需要一定的时间成本。而快递公司的快递员流动性大，做几个月离职或被调配到其他区域都是常事。所以，就派送效率而言，经常流动的快递员没有固定不变的驿站效率高。并且驿站有多家，快递员则只有一名。多家驿站一起送，比一名快递员来来回回、满片区跑效率更高。

其次，就安全而言。如果每个快递公司的快递员都要进入小区送货，那么每天进出小区的陌生人员可能就有很多个，这会对小区的管理带来安全隐患。而如果是附近驿站的工作人员，在管理上就方便得多。

最后，就客户满意度而言。由于驿站距客户的距离近，且有固定门店，所以驿站可以根据客户需求和实际情况合理安排送货时间。而快递员则不一样，快递员是流动的，送货的线路和时间一般都有固定的规划。如果恰巧遇到客户不在收货地，就很难达成一种让双方都满意的方案，有时可能还会在言语上起冲突。

送货上门在未来将会是一种增值服务而不是标准服务，除了快递公司成本方面的原因，还与用户隐私安全等方面有关。因为送货上门对用户而言，其实不一定是好事情。为了省几步路或者满足所谓的优越感，就将自己的姓名、电话、家庭住址等信息完全公开，让一波又一波的陌生人不停地来敲自己的家门，进入自己的家，这真的值得吗？所以，未来随着人们安全意识的提高和对隐私信息的重视，越来越多的人会选择驿站，选择自取，没有人会愿意再将自己的隐私信息到处散布，除非迫不得已。比如，收件人是老人、孕妇、残疾人等或者购买的是大件商品、急需物品等。所以，送货上门由标配变为选配，由必要变为非必要是一种进步而非退步。

3. 驿站的拓展功能

驿站如果仅仅依靠微薄的快递寄存收益来实现盈利是相当困难的。尤其是在恶意价格战的背景之下，一件包裹到手的利润本身就少之又少，所以驿站的出路不靠快递寄存，而应该以快递为基础拓展其他业务。

快递只能是入口、是载体，就好比那些免费软件。软件本身并不能盈利，也不指望依靠收费来盈利，给它带来利润的是以软件功能为基础的其他业务。

商品功能是驿站的拓展功能，主要内容是同城商品的暂存与特色商品的销售。

同城商品的暂存

随着同城货运的兴起和完善，人们需要运送、暂存的商品会越来越多。比如，外卖、蔬菜、水果、药品、百货等。出于安全、隐私等方面的考虑，未来送货员将不能再随意进出小区，物业不会再随意帮业主收取货物，客户也不会再随意让陌生人进入自己的家门。所以，和快递一样，同城配送商品也会暂存在驿站，驿站将成为快递及同城配送商品最终的临时存放点。当然，存放快递要收取相关费用，存放商品也需要收取适当的费用，这也是未来驿站的收入来源之一。

特色商品的销售

快递公司卖货早已不是什么新鲜事，许多年前就已经开始了。上至快递公司开发的专业电商网站、App、公众号以及实体专卖店，下至全国各地各营业网点运营的卖货群以及临时卖货摊点，但效果都不是很理想。

快递公司卖货不是不可以，关键是卖什么，怎么卖。在快递网点放几瓶矿泉水、几双鞋会有人买吗？顾客要买水，大街上随便找个小卖部就能买到，为什么要在这里买？顾客要买鞋，去专业的鞋店还能随便挑选和试穿，为什么要在这里买？线上平台也是一样，同样的商品在淘宝、京东上都能买到，可能还更便宜、更有保障，为什么非要来快递网点购买？所以，在如今市场饱和的情况下，想要入局卖货，一定要找到自己的优势和卖点。

物流业入局零售至少有三方面的优势。

其一，物流优势。因为物流就是自家的，所以在物流费用上对用户进行一定的优惠是完全可行的。同样的商品相较于其他平台，物流费完全可以打七折、五折甚至更低，以物流优势巩固市场地位。

其二，数据优势。快递公司掌握着全国各地几乎所有的卖家和买家信息，如果能对这些货源信息、客源信息、供给信息、求购信息、促销信息等进行及时有效的整合和匹配，那么其商业价值将不可估量。

其三，体系优势。快递公司有数以万计的营业网点和快递从业人员，相当于已经在线下开设了数以万计的实体店，招聘了数以万计的营业员，如此庞大的体系是一种天然的优势。并且，未来随着配、送的分离，随着快递员工作重心的转移，物流公司完全有足够的时间和精力用于新领域的开拓。

比如，某快递公司 A 快递员所在区域有一块水稻产地，B 快递员所在区域有不少工厂。如果 B 快递员将 A 快递员所在区域的大米以产地直购价销售给这些工厂的食堂，那么无论是价格还是品质和物流服务都能达到最优效果。

再如，C 快递员所在区域冬季很寒冷，棉被需求量巨大，而 D 快递员恰好是一名新疆的快递员，他所在区域正好有不少新疆棉被。那么，C 快递员就可以在本地发起团购，直接从 D 快递员那里拿货。这样的团购才是真正意义上的团购。一个在海南的客户和一个在东北的客户，他们拼一单的意义在哪里？真正的团购一定是能集中统一发货的同一区域的团购，因为它省下的是实实在在的包装和运输费用。

所以，物流公司不仅能做零售，甚至连批发也能做，前提是，只要它有一套足够完善的内部信息交流系统，有足够优质的管理和执行能力。全网的快递员通过系统发布自己所在区域的优质商品资源和自己所在区域的商品需求，然后通过内部系统进行匹配和沟通，最终达到一种商品品质、客户需求、物流成本都完美结合的状态。

驿站是物流的末端，是客户与物流公司的桥梁，未来也将成为各种信息源的集散地以及快递公司特色商品销售的主阵地。至此，驿站以及整个物流行业的困局也很可能随之被打破。

4. 物流的增值服务

物流不仅是指货物的运输服务，它实际上还包括许多增值服务。比如，前文提到的送货上门服务、上门取货服务，在未来都将以增值服务的方式存在。再如，重货、大货的搬运、高价值货物的保价、加急货物的专送、货到付款商品的代收货款、偏远地区的特殊配送等，目前都由快递公司一手包办，但却模棱两可、争议不断。一方面快递公司想要树立一个好的形象、好的口碑，另一方面快递员分身乏术、不堪重负，因此造成的结果就是快递公司什么都想做，但又什么都没做好。所以，未来这些服务一定会被分解出来，成为各种增值服务，由专业的人来做专业的事。

未来的物流中间端与始末端是相对分离的，计费方式、服务类型都将更合理、更科学。同样的一件商品，自己到网点寄与快递员上门取件价格不一样，寄到城市与寄到乡镇的价格也不一样，自己去网点取与快递员送货上门的价格又不一样。比如，小张是一线大城市的客户，他寄件与取件都不用上门服务，只需快递中间端的运输服务，所以物流费就相当便宜，只需要几元钱。而小李是偏远地区的农村客户，不仅路程远，还没时间取货，需要送货上门并且还要得比较急。那么，他需要的就不只是运输服务，还需要偏远地区服务、送货上门服务、加急服务等，这样总的物流费用也自然要贵得多，可能需要几十元钱。而目前的物流模式却不考虑这些差异化的存在，统一定价，导致出现各种问题，而这些问题最后大都落到了末端派送的快递员身上，由快递员买单，从而激发各种矛盾。

长途的异地运输与短途的本地运送共同构成未来的物流体系。有经济实力与管理能力的物流公司，可能会将中间端与始末端都抓在自己手中，而缺乏实力与能力的物流公司，则可以选择与第三方合作。

至此，不难看出，未来的物流行业已经没有太明显的高中低档的区别。抛开始端、末端的服务，就中间的运输环节而言，各快递公司其实没有太大差异，已经趋于同质化。在速度上，各物流公司已经相差无几；在安全性上，各物流公司也大同小异，并且随着物流的短途化、同城化，未来在速度与安全性上的差异就更小了，而最能够体现其档次的末端服务，未来则会独立出来由驿站完成，与快递公司已经没有太直接的关系。所有到了驿站的快递，无论是自动分拣还是人工分拣，是空运还是陆运，是 A 快递公司的还是 B 快递公司的，对驿站而言，都是一样的。驿站在乎的是客户付了多少物流费用、选择了什么样的增值服务。因此，未来物流高中低档的分别不再是物流公司的分别，而是增值服务的分别、是物流费用的分别。

5. 物流体系的完善

网商时代的物流体系是一种趋于完善的新物流体系，较之于当下物流体系，它的功能更全、效率更高、覆盖更广。

多功能

物流体系的完善首先体现在其功能的完善上。客户需要什么样的物流服务，各物流公司就能提供什么样的服务，无论是运输、派送还是各种增值服务。总之，未来依托各物流公司及物流平台的数据整合及协作，一切关于物流的问题几乎都能得到完美解决，并且相关费用明码标价、公开透明、监管完善。

高效率

物流体系的完善还体现在高效率方面。那么，怎样才算是高效率的物流呢？简单而言，就是用最短的时间和最低的成本完成一次有效的物流运输。

速度慢，十天半个月才收到货不是高效率；长途运输，千里迢迢、反复中转，不是高效率；运输装卸不当，损坏严重，不是高效率；分拣货物、派送货物不及时导致爆仓，不是高效率；派送艰难，一次两次甚至多次都派送不成功，不是高效率；退换货来回折腾半月之久，不是高效率；投诉严重、服务质量差也不是高效率……早期的物流行业由于受到各种条件限制，效率低下自不必说，近年来随着技术的不断积累，整体上已大为改观，但依旧还停留在传统的赛道之上，算不上高效率。

网商时代的物流行业依托于店铺的线上与线下一体化、仓储系统的广泛建立、包装的环保化、配与送的分离、同城运送的全面开放等措施，将物流行业的成本降到最低，同时将运输时长缩到最短，真正实现高效率。

全覆盖

网商时代下的新物流体系是一张覆盖全国的物流网，而不是仅限于城市和发达地区的局部物流网。

我们总是说，快递要下乡、农产品要出山，但喊了这么多年的口号，实现了吗？在传统的、单一的物流模式之下，这根本就是一件不可能完成的事，因为成本太高，不是哪一家物流公司能承受得起的。

前文提到绿色食品出山是大势所趋，首先要依靠的是走街串巷的流动商贩，其次要依靠各物流公司共同编织的物流网。这张网将各物流平台有效整合到一起，实现一种及时的物流信息和资源的匹配。这种匹配能使乡镇物流扭亏为盈，实现盈利，彻底解决乡镇物流存在的一系列难题，实现整张物流网在全国范围内真正意义上的全覆盖。

十七、泛品与精准

1. 消费三维度

在通常情况下，消费者的消费行为由三个维度决定：性价比、适合度与便利性。消费者的消费过程，也是他们寻求这三个维度最优组合的过程。

性价比

性价比是指商品性能与价格的比值，比值越大，性价比也就越高；比值越小，性价比也就越低。线下购物，消费者要砍价；线上购物，消费者要比价。无论买什么商品，消费者首先关注的往往都是性价比。所以，物美价廉、货真价实是消费者最为期盼的。

近年来，电商的发展如此迅速，其关键就是性价比。同样的商品，在线上平台比线下实体店便宜20% ~ 30%，甚至更多。当然，有些商品的性价比可能只是看起来很高，这是旧商业模式无法避免的，此处暂不讨论。

适合度

适合度是指商品与消费者之间的适合程度。由于消费者是千差万别的，所以他们所需的商品性能也是千差万别的。比如，一套上万元的实木家具，有的人买来摆在客厅显得大气又华贵，而有的人买来摆在家中却不合适。再如，一件三四百元的裙子，有的人买来穿在身上可能很好看，但有的人买来穿在身上却很难看。

如果说性价比是电商崛起的关键，那么适合度则是电商前行的绊脚石。

因为商品的适合度因人而异、因环境而异，没有售前体验的电商仅通过图文介绍或视频展示就想让消费者选出适合自己的商品，这无异于闭着眼睛摸鱼，能不能摸到就看运气了。

便利性

便利性是指消费者在整个购物过程中的便利程度。买一件同样的商品，消费者花的时间和精力越少，便利性就越高；花费的时间和精力越多，便利性就越差。

在纯线下购物模式下，想要找到一件称心如意的商品往往要一个店一个店地看、一条街一条街地找，所以便利性是很差的。而在纯线上购物模式下，表面上看起来便利性很高，足不出户、手机轻轻一点就完成了购物，但物流等待时间以及适合度问题依旧让消费者的购物变得不是很顺畅，便利性也大打折扣。所以就便利性而言，无论是纯线下的实体店模式还是纯线上的电商模式，都存在较大缺陷，并无真正的便利可言。

性价比、适合度、便利性在旧商业模式之下很难做到三者兼顾，完美结合。这就好比一只猴子仅靠两只手很难将桃子、玉米和西瓜都抓在手里，它必须有所选择、有所取舍。当然，如果真想将三者都抓在手里就需要借力。比如，借助竹篮、竹筐等工具，但“竹篮”“竹筐”的获得只能在新商业模式下实现，旧商业模式是根本无法编织出来的，所以到目前为止我们依旧无法实现兼得。

2. 泛品消费

正因为在旧商业模式下，无论线下还是线上都无法做到将消费三维度进行完美结合。所以，长久以来，我们的消费模式处于一种不完美的状态，即泛品消费状态。

例如，你想买某品牌的某一款冰箱，A商店的价格是3000元，而另一条街道的B商店则只需要2500元，但你根本不知道这一信息，于是你只能花

3000 元买这款冰箱。那么，此次购物于你而言，就不是性价比最高的。再如，你在 C 商店看中了一件衣服，但是没有适合你的尺码。因为太喜欢这个款式，所以你最终选择了购买稍大一点尺码的衣服，而就在相隔几百米的 D 商店却有同款衣服销售且尺码齐全，但由于你无法获得这一信息，此次购物商品的适合度也没能实现最大化。便利性也是一样的道理，如果你想要更便利地在线下购物，就只能去距离最近的商店。那么，商品的可选择性就变小了，买到心仪商品的概率也就更小了。而线上购物看起来很便利，商品的可选择性也大，但由于无法进行售前体验，商品的选择难度更大，再加上更长的物流等待时间，从实际情况来看其实并不便利。

所以，生活中我们常常遇到这样的情况。当你已经买好某件商品，就有人会过来告诉你某个地方有更好、更便宜的商品，而你只能遗憾地说一句“怎么不早说”或“早知道就去那里买了”。我们购物时总是在凭感觉、碰运气，总是在满意与不满意之间摇摆，总是在将就与不将就之间犹豫，最终的结果往往是不得不妥协，不得不把自己的购物要求和购物标准放得更低。

这就像泛舟在茫茫湖面之上，你无法确定哪片区域有哪种鱼，你本想钓一条两斤左右的草鱼，由于找错了位置，钓上来一条鲤鱼或者其他鱼。但鱼饵已经用掉了，时间和机会已经用掉了，想要再重新钓一条又得付出相应的成本，并且还不能保证下次钓起来的鱼就一定是自己想要的那种，所以只能就此作罢。

但泛品消费绝不是我们想要的一种消费状态，我们想要的一定是“早说”与“早知”，是性价比、适合度和便利性都达到或接近最佳的一种状态。每一件商品的选择都恰到好处，每一次购物体验都称心如意，每一笔消费都得偿所愿，而这就是新商业模式下更高级的消费状态，也就是精准消费状态。

3. 精准消费

网商时代是精准消费的时代。精，是精品；准，是准确。精准消费，简而言之，就是消费者能准确地买到自己想要的商品。

对于能否买到自己想要的商品，长久以来都是一个概率问题。有幸碰见了皆大欢喜，碰不见就只能退而求其次。网商时代则不同，消费几乎不再有信息差、认知差、地域差，精准化将成为一种常态。

例如，在旧商业模式下，从树上摘下来一筐水果，没有明确的去处，不知道会在哪里被卖掉，也不知道买家是谁，更不知道这个买家何时来买。反过来讲，消费者在购物时也是一样的，往往也比较茫然。当我们打算去买水果时，一般没有明确的计划和目标，不知道该去哪个市场的哪家摊位，或者哪个网站的哪个卖家，也不知道该买哪个产地的哪个品种，一切都是靠运气。而在未来的新商业模式下，所有商品的品质信息、卖家的售卖信息、买家的需求信息等都将被集中统一地进行展示和匹配。如水果店里有什么水果、品质怎么样、价格是多少、位置在哪里、消费者对水果的需求是什么、想要什么品种、什么价位的，附近的水果店口碑如何，路线怎么走等，都将在线上平台详尽地展示。

同样的商品，可以在线上找到最低的价格；同样的价格，在线上可以找到最优的商品，这是性价比的最大化。商品合不合适、有没有更适合的型号款式，我们能亲自去附近的实体店看一看、试一试，这是适合度的最大化；线上选购、线下体验、就近发货，不需要长时间等待物流运输，售后问题随时可以到附近门店面对面去解决，这是便利性的最大化。所以，精准消费也就是对消费三维度的一种完美结合，让消费者的消费更为理性和成熟，不再因某一个维度的缺失而陷入消费的困境。比如，9.9 元包邮的一箱纸巾，可能含有许多有害物质，伤害我们的身体，但因为价格便宜，我们可能还是会去疯抢，但未来不会。比如，公司楼下的饭馆炒的菜并不怎么好吃，价格还贵，但就是因为便利，我们可能还是会经常去光顾，而未来不会；比如，逛街看中了一件很不错的衣服，虽然价格昂贵，性价比也低，但就是因为自己喜欢，穿着也合身，我们可能还是会忍痛买下，而未来不会……

精准消费是一种消费升级，商品品质越来越好，消费越来越精准。同时也是销售的升级、商家的升级、商品的升级。优质商品、优质商家不断地被发现，不断地占领市场，劣质商品、劣质商家不断地被曝光，不断地退出市场，最终优胜劣汰，整个商业环境也会越来越好。

十八、新消费理念

1.“人找货”与“货找人”

就购物模式而言，一般分为两种：“人找货”与“货找人”。逛街、逛市场、逛电商平台等是“人找货”；流动商贩、社群电商、直播带货等属于“货找人”。无论是“人找货”还是“货找人”，都存在被动的一方，而只要有一方被动，消费者的消费行为和销售行为就存在缺陷，就是不完美的。

比如，出行。曾经我们打车只能漫无目的地去大马路上拦车，能不能拦到，拦到的是一辆怎样的车，司机技术如何、服务态度如何等，都是未知数。而出租车司机找乘客也一样，没有明确的规划，没有准确的目标，只能开着空车在大街上来回转悠，靠运气寻找乘客。一个等车等得心急，一个找客找得心急，双方都浪费了大量时间和精力，而他们之间需要的仅仅只是一个信息匹配平台而已。

在电商时代，线上平台的推出实现了初级的人货信息的匹配。通过线上平台，一些基本信息，比如，乘客的出发地和目的地、出行的时间和人数以及司机的位置、车牌号、车型等得以匹配，而更为高级、完善，更为人性化的匹配功能却无法实现。比如，司机的时间观念、驾驶技术、服务态度，乘客是否守时出行、是否蛮横无理、是否及时支付车费等。又如，司机怎样才能避免遇上素质不高的乘客，而乘客又怎样才能避免碰到素质不高的司机，平台的政策如何向优质用户倾斜，引导用户规范自己的言行举止等。

高级的人货信息匹配只能在更高级的商业模式下才能实现。网商时代是线上、线下一体化的时代，它不仅能实现更为高级、更为精准的人货信息匹配，也能实现所有线上与线下的有序化交易和管理。

如评分制的建立。无论是司机还是乘客，未来都将有一个真实而客观的评价系统，也就是口碑。口碑好不好一目了然，司乘双方都可根据对方的口碑进行选择性接单或乘坐。

如匹配制的升级。无论是乘客还是司机都有权设置自己的最低匹配分值，即评分太低的司机可能无客可拉，而评分太低的乘客也可能无车可坐。

如管理制度的完善。评分太低的司机可能接单会受到一定限制，抽佣的比例可能更高，下一次的审核可能更严格；同样，评分太低的乘客可能面临更高的乘车费、高峰期订单后延等限制。

网商时代的消费不再是单纯的人找货或者货找人的过程，更是一个择优选择的过程。作为消费者的我们不仅要坐车，更要坐到优质的车；不仅要找到货，更要找到优质的货。这是消费的升级，也是整个商业模式的升级，更是时代的进步。

2. 省心、放心、安心

网商时代是线上、线下一体化的时代，是精准消费的时代，是趋于完美的商业时代。所以，未来作为消费者的我们的消费也将趋于完美，实现真正的省心、放心、安心。

省心购买

实体店的线上化和网店的线下化让线上、线下购物都省时省心。线下购物时，作为消费者的我们不用担心在价格上吃亏，因为线上线下价格一致；也不必担心款式、型号不齐全，因为可以随时本地调货或者全国范围内调货，让每位客户的个性化需求都得到满足。线上购物时，我们不必担心长时间的物流等待时间，因为本地发货、就近发货让货物能在最短的时间内送到我们手中。同时，也不必担心尺寸是否合适的问题，因为可以去附近实体店做售前体验，亲自看一看、试一试，直到满意为止。并且，无论线上还是线下，所有的购物平台、商家、商品都有真实的口碑和评价，作为消费者的我们不必担心虚假宣传、弄虚作假。

放心使用

商品的安全问题未来将得到彻底解决。“三无”商品、劣质商品、过期商品、有害商品等将被彻底淘汰出局。一方面，未来国家管理机关将对商品的质量问题加强监管；另一方面，口碑的回归，新的信用体系的建立将对商品销售者和商品生产者起到绝对有效的监督。食品会越来越安全，绿色食品、有机食品将更多地出现在市场，回归到餐桌。各种生活用品也将越来越优质，偷工减料、以次充好、以假乱真的商品会越来越少，取而代之的是真正物美价廉、货真价实的商品。总之，无论是食品还是生活用品，我们都能放心食用和使用。

安心售后

售后一般包括两个方面：售后服务与售后维权。

未来的售后服务将更加完善，尤其是线上购物的售后服务。在电商模式下，线上购物的售后服务很落后，需要将商品寄回厂家，花费较多时间。而未来所有的品牌几乎都有线下售后网点，只需将商品带到附近的网点与工作人员对接即可。面对面交流，面对面服务，该维修就安排维修，该换货就马上换货，该退款就当场退款，或者还可以选择售后工作人员直接上门服务，更加省事省心。

在当前商业模式下，一旦出现交易纠纷，无论线上还是线下，无论通过平台还是媒体，作为消费者的我们的维权之路都异常艰难。而未来不一样，新的监管机制将取代媒体成为维权的主要途径。新的信用体系将促使销售者和消费者自觉地遵纪守法，自觉地恪守道德，公平、诚信得以回归，虚假、欺诈终将消失，一切都将井然有序。

3. 平等的回归

网商时代是省心、放心、安心的时代，也是公平、公正、平等的时代。无论是消费者还是销售者，地位都是平等的，买卖也都是公平的。

在货币出现之前，人们的交易方式是以物易物。三只羊换一头牛、五条鱼换一只鸡。那么，谁是卖家，谁是买家？所以，从本质上来说交易就是平等的，不存在所谓的“顾客就是上帝”这种说法。

但社会发展到今天，顾客上帝论似乎已深入人心，以“上帝”自居者不在少数，不公平的现象也不在少数。比如，快递员下跪事件。客户本着“我就是上帝”的心理盛气凌人，对快递员进行恶意投诉、随意辱骂。快递公司本着客户就是上帝的原则，只能对快递员进行施压和处罚；快递员本着客户就是上帝的规定，赔礼道歉，敢怒不敢言。

对于恶意投诉和刁难，作为消费者的我们要抵制、要追责。而正常的诉求和权利，我们又必须保护和捍卫。比如，快递员私拆、偷盗客户物品，服务员态度傲慢无礼，大卖家仗势欺人，不良商家虚假宣传等行为，我们该投诉就投诉。无论是谁，只要做错了就要承担相应的法律责任。

公平的交易原则被破坏，不公平的事件屡屡发生。究其原因，就是我们的法律和道德体系还不够健全和完善，无论现实社会还是虚拟世界都是如此。而未来这一切必将改变，我们的法律体系会不断健全和完善，我们的现实和虚拟世界的公平原则也会回归。我们还将在此基础上建立一个公平公正且权威的仲裁平台来解决商业纠纷，不偏不倚，实事求是，依理依法，客观公正。只有这样，我们的市场才会更规范，我们的生活才会更安稳，我们的社会才会更和谐。

十九、数据的规范化

1. 为什么数据需要规范

互联网时代，个人的生活与工作、社会的安定与繁荣、国家的安全与发展都与数据息息相关。各种数据已将我们包裹得严严实实，挣脱不掉，也逃离不了。打电话、发信息、点外卖、坐公交、存钱取钱、进出小区离不开数据，各种线上办公、工程规划、设备监控、运输调度也离不开数据。并且未来的数据越来越庞大，涉及的领域越来越广；数据对个人、社会和国家的影响也将越来越大，越来越深。所以，无论是商业数据还是非商业数据，无论个人数据还是国家数据，我们都应理出一个头绪，对其进行安全且有效规范化的管理。

对于互联网数据的规范化管理，国家相关部门其实早有重视。比如，针对互联网公司违规违法的立案调查、针对互联网乱象推出的各种举报平台和防诈骗 App、针对互联网发展颁布的各种法律法规等。但局部的治理往往有一定的局限性和滞后性，当某种现象发生后我们才去整治、去堵漏，不免有种亡羊补牢的感觉。这就好比当我们在屋里发现有一只白蚁的时候，在某个角落可能早就有一窝白蚁了，并且很可能这些白蚁已将某些柱子啃噬得面目全非，危及房屋的整体安全。所以，对于互联网的管理不应是见漏堵漏、见蚁灭蚁，而是一开始就从根源上杜绝问题的产生、从根源上消除白蚁的存在。要想从源头上杜绝白蚁的滋生，唯一的方法就是塑造一个不适合白蚁生存的

环境。比如，时常打扫房屋、定期维护，让房屋时刻处于干爽、整洁、明亮的状态。同样，要想从根源上杜绝各种互联网问题，就要重塑一个干净健康的互联网环境。

那么，用什么来重塑干净健康的互联网环境呢？答案是法律与道德。

法律与道德是规范现实世界言行的两大准则，同样也是规范虚拟世界的两大准则。将法律与道德深度融于互联网之中，以法律与道德为准绳，让所有的数据都真实有效，让所有的数据都安全可靠，没有欺诈和谎言，人人参与其中，人人相互监督。如此，互联网数据必将得到规范，互联网环境必将得以重塑。

数据的规范化也是商业 4.0——网商时代到来的前提和必然条件。没有规范化的数据，虚拟的互联网世界就是法外之地，新商业模式也就无从谈起。而要实现对数据的规范化管理并非一件简单的事，至少要满足三方面的条件：数据的统一性、数据的有序性、数据的安全性。

2. 数据的统一性

数据的统一性主要是指互联网账号的统一、身份信息的统一。

目前，我们的互联网账号几乎都是不互通、不统一的。在微信注册的账号无法登录淘宝，而淘宝账号也无法登录抖音，中国移动的手机号无法登录中国电信的宽带……由于缺乏一个统一的账号管理，导致我们的账号和密码等数据信息非常繁杂，给我们的生活带来许多麻烦和风险。

首先，数据的不统一给我们的生活带来诸多不便。每使用一个新平台就得重新注册账号、重新设置密码。时间久了，你还能记得几个账号的密码？有人说可以把这些账号和密码记录在本子上或者存储在文档上，那么如果某天这个本子或者文档丢失了，是不是也意味着丢失了所有的账号和密码？更可怕的是，如果是被别人捡到了或者恶意盗取了，那么丢失的就不仅是账号，还有账号里的资金、文件、虚拟财产、隐私信息等，这是多么让人崩溃的一件事。还有人说把所有账号和密码设置成一样的，记住一个也就记住了全部，但这也就意味着忘记一个就忘记了全部，丢了一个也就丢了全部，一样有风险。

其次，数据的不统一使安全风险加倍。每注册一次账号都必须重新填写个人信息、重新提交身份资料。注册得越多，信息和资料被泄露的风险也就越大。而收集用户信息的这些平台和企业，也是形形色色、五花八门。这之中有大企业，也有小企业；有良心商家，也有黑心商家；有值得信赖的遵纪守法者，也有不值得信赖的违法乱纪者。但我们无法分辨，也无法拒绝。平台要求你上传证件，你就得上传证件；要求你填写信息，你就得填写信息；要求获取你手机的权限，你就得允许它获取你手机的权限。

而更可悲的是，随着时代的发展，我们注册的线上账号越多，个人信息资料被泄露的风险就越大。

最后，数据的不统一，使监管困难。数据的不统一，是互联网监管缺失的根源所在，也是各类电信诈骗、网购陷阱、网络谣言层出不穷的根源所在。一些不法分子利用网络的虚拟性，大量注册虚假账号，一个人可能就有十几个甚至上百个身份。这些虚假账号可以随意注册和注销，可以随意地变更网名。有些不法分子通过不停地更换账号和平台来从事违法活动，严重损害了大众权益。

3. 数据的有序性

数据的有序性主要是指互联网内容的有序、积极、健康、真实、规范，而不是消极、低俗、虚假、杂乱无章。

近年来，提到互联网，我们听到最多的评价就是“网络上虚假信息很多”。互联网本是方便人们生活、提升人们认知的工具，但如果人们无法对其进行把控，反而会让生活变得更糟糕，失去诚信、健康、钱财和判断力。

人们常常说互联网不是法外之地，但由于网络数据的虚拟性、随意性和

无序性，导致互联网管理还存在不少的缺陷和漏洞，不少人还真把它当成了法外之地。这就好比红绿灯对于车辆是一种必须严格遵守的标准信号一样，无论路口有没有行人和其他车辆经过，只要是红灯就必须停下来等待。车辆有车牌号、有备案信息，一旦违规就会被记录、被处罚，所以红绿灯之于车辆的管理是有用的、有效的。

人们对现实世界的管理就好比红绿灯对车辆的约束。现实世界中人们往往会严格遵循各种法律法规，因为我们所处的环境有完善的管理体系，有真实的身份识别码。比如身份证、公民编号、社会安全码、驾照、护照等。而在网络世界，我们却没有这样可以一一对应的身份识别码。账号是虚拟的，身份信息可能是假的，连地址也可能是假的。现实世界中，有人如果触犯了法律会被记录在档案之中，会伴随他的一生，影响他的一生。而在网络世界，许多人做了违法乱纪或败坏道德的事后，直接把账号删除，销声匿迹，无处可寻。

无规矩不成方圆。数据的有序性，也就是要让互联网的秩序像汽车遵守红绿灯规则一样，有条不紊、井然有序。

4. 数据的安全性

安全性是数据规范化的前提和保障，也是互联网发展的基石。没有牢固的基石，互联网就不可能健康地发展。

数据安全主要包括：个人数据安全、企业数据安全、国家数据安全。

个人数据安全主要包括：个人的账号、密码、居住地址、联系方式、家庭成员、职业收入等。就目前而言，个人数据安全问题是最严重的。在互联网平台上，个人隐私泄露是个大问题，外卖平台清楚知道用户的家庭住址和工作单位，电商平台清楚用户的消费能力和消费习惯，聊天软件清楚用户的作息时间和家庭成员，出行平台清楚用户的出行路线，健康平台清楚用户的健康状况，娱乐平台清楚用户的个人爱好……我们的个人信息每时每刻都在

被泄露、利用，而我们对此却无计可施。试想一下，某一天你走在大街上被别人随手拍照，然后利用人脸识别、云计算、大数据分析等技术手段将你的家庭住址、联系方式、收入情况、亲属信息等都掌握得清清楚楚，这将是多么可怕的一件事情。

不仅是个人数据安全会受到威胁，企业数据也一样。随着互联网的兴起，企业线上生产管理、产品研发、产品销售、资金往来、客户交流、员工会议、企业规划等业务流程都转移到了线上，而只要接入互联网，信息就会有被泄露的风险。所以许多商业机密，在互联网上可能早就曝光了。

国家数据安全包括两个方面：间接数据安全与直接数据安全。间接数据安全是指间接关系到国家安全的一些基础数据遭到泄露，从而给国家带来间接的安全隐患。基础数据看似平常无用且庞杂凌乱，但经过科技手段的过滤、筛选、分析能提炼出不少有效信息。其中，许多信息可能关乎国家安全。比如，某网约车平台的整体数据泄露，就是一次间接的数据安全事件。直接数据安全则是指直接关系国家安全的一些重要的核心数据被泄露，从而对国家造成直接的安全隐患。国外某些敌对势力有组织、有计划地发起互联网攻击，直接窃取关乎我们国家安全的核心数据已成公开的秘密。比如，我国某工业大学遭受境外网络攻击，导致重要科研数据被窃取就是典型的直接数据安全事件。再如，当下许多企事业单位甚至政府机构都利用线上平台办公。而那些办公用的公众号、小程序、App、网站等，很多都是由第三方企业研发并提供技术服务，这也很可能造成国家直接数据安全问题。

事实上，随着科技的进步、社会的发展，严格意义上来说，数据安全没有个人、企业与国家之分，所有的数据都是相互交织、相互关联的，我们进入了人们所说的大数据时代。在大数据时代，如果个人的数据没有足够的安全防线作为保障，无异于在裸奔。无论是个人还是企事业单位，甚至国家机构都是如此。数据是一种资源而不是商品，更不是某些人的私有财产。但是现在，却有不少人把数据当成一种商品，把数据交易当成一门生意，导致个

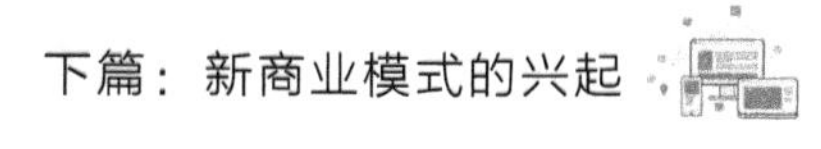

人和国家的利益和安全都受到了严重威胁和损害。所以，未来对于数据的定性是不是会改变？既然它关乎民生、关乎社稷，那么是不是应该算作一种国家资源或者国家财产？它的命运又是不是应该掌握在国家手中而不是某些私人企业，尤其是外资企业、境外公司的手中？

二十、新商业，新时代

1. 网民身份证

在现实世界中，每位公民都有属于自己的身份证。身份证是唯一具有法律效力，用以识别公民身份信息的证件，每人有且只有一个。但在虚拟的互联网世界，作为网民的我们没有这种权威有效的身份证件，这也就导致互联网世界混乱的局面和难以管理的现状。为了改变这种现状，我们开始实行实名制，也就是将现实世界的身份证系统引入互联网之中，用管理现实世界的方法来管理虚拟世界。实名制虽然对互联网的管理起到了一定的作用，但同时也带来不少问题。比如，隐私问题、真实性问题、安全问题等。

（1）隐私问题。直接用身份证将泄露我们太多隐私信息。乘车、求职、玩游戏、点外卖等，都要求提供姓名、家庭住址、身份证号等信息。自此以后，这些信息很可能长期在外流转，任人窥视、买卖和利用，而我们自己却对此毫无办法。

（2）真实性问题。身份证是一种实物，难免有遗失的风险。因此，身份信息被借用或被盗用是常有的事。且许多互联网平台对于身份证信息的真实性并不重视，使用者与身份信息是否一致并未验证，导致许多账号实际上是实名不实人的伪实名账号。

（3）安全问题。身份证信息一旦泄露尤其是大批量泄露，毫无疑问将给国家安全带来隐患。

对于虚拟的互联网世界，现行的实名制系统并非最适合的系统，我们享受互联网提供的便利，实际上是在以隐私换服务、以安全换服务。所以，现实世界的实名制系统未来很可能退出互联网舞台，取而代之的是一套与之相对应的虚拟身份管理系统，我们可以称之为网民身份证系统。网民身份证系统与现实世界的居民身份证系统一一对应，且相关数据掌握在国家安全机构手中，不可更改，也不会泄露。网民身份证对于互联网而言是虚拟的，但对于国家安全机关而言又是实名的，这既解决了网络信息安全方面的问题，也解决了管理方面的问题。

比如，在现实世界中，你的真实身份证姓名是张三，身份证号码是1234567。而在网络世界，你的网民身份证姓名可以是李四，身份证号码是7654321，在互联网你的一切活动都可以用李四这个网民身份证来进行，并且不用担心被泄露。因为这个身份证上几乎没有什么敏感的隐私信息，即使泄露了，外人也无法获取你在现实世界的真实的信息。这就好比电报，即使有人获取了电报内容，但没有密码本，也是没用的，他获得的只不过是一串没有意义的数字符号。那么密码本在哪里？自然是掌握在国家安全机关手中。所以对于普通人而言，代号为7654321的网民身份证就是一串数字符号，但对于国家安全机关而言却是重要的安全信息，并对其了如指掌。

居民身份证与网民身份证是未来我们每一个人都会拥有的两个身份证件，一一对应，相互关联。未来，我们的密码也会是两个。一个是物理密码。比如，数字、符号、图形等。一个是生物密码。比如，指纹、容貌、声音等。两种密码根据具体情况任意搭配设置，而我们也就再也不必担心账号和密码的问题。比如，当你忘记了某个账号和密码的时候，就可以登录本人的主账号，用主账号对名下所有的副账号进行查看和管理。主账号就是你的网民身份证号，而密码则是你特有的容貌和指纹等。主账号的登录类似于当下的手机验证登录，但比手机验证登录又安全合理得多。因为手机有丢失、被盗、号码过期等风险，而使用生物密码和物理密码组合的方式登录则不存在这样的问题。

主账号是个人在互联网世界的唯一账号，它将取代身份证号、网络邮箱、电话号码等成为新的账号注册方式。同时，主账号也将是个人在互联网上唯一的名片。曾经个人有各种各样的账号，而这些账号究竟哪些是真哪些是假根本分不清。而未来，主账号将取代这一切。如果我们要了解一个人，直接去其主账号就可以了。

主账号的信息客观、真实、全面且根据相关法律法规及个人意愿分为公开、半公开、隐私三个等级，这也有效保障了个人隐私。比如，是否有车有房是公开信息，车房价值是半公开信息，车辆车牌号及房屋具体地址是隐私信息。再如，学历等级属于公开信息，具体哪所大学属于半公开信息，哪一届、哪个专业、哪个班级属于隐私信息。公开信息所有人都可以查看，半公开信息需当事人同意或者向管理机关申请，而隐私信息则只有公安机关才有权查看。

2. 账号的评级

前面讲到法律和道德不仅是规范我们在现实世界言行的两大准则，同样也是规范我们在虚拟世界言行的两大准则。但在传统的互联网管理模式下，我们可以做到在法律层面的有效管理，却很难做到在道德层面的管理。比如，我在某个网店买了一双拖鞋，本来鞋子没有任何问题，价格也合理，但我非要说穿着不舒服，要给差评，或者就是想要卖家主动给我发个红包、打个折扣。从法律层面来说，我既没违规也没违法，只是表达了我个人的使用感受而已，平台和相关管理机构无权对我做出任何处罚。但从道德层面来说，这确实是不对的，是一种不道德的行为。

在现实社会中，我们要了解一个人，可以通过其人品、口碑、简历档案等途径来了解。但在虚拟的互联网世界，我们又该如何判断网络的另一端是好人还是坏人，我们该信任还是该提防？所以，互联网身份系统的建立不仅

要解决互联网在法律层面上的管理问题，还要解决互联网在道德层面上的管理问题；不仅要让网民遵守法律法规，也要让网民恪守伦理道德。

那么，如何做到呢？这里依旧以车辆为例。车辆之所以能做到管理有方、行驶有序，是因为我们对车辆驾驶员的证件采用了等级制和记分制两种管理制度。什么等级驾驶什么车型，什么违法行为给予什么处罚，一切都规定得清清楚楚、明明白白。同样，未来的网民身份系统，也将采用类似的管理模式。每个人的网络主账号都将分为等级和评分两个方面；账号的等级主要关乎法律法规，账号的评分主要关乎道德人品。

账号等级的划分可以是多维度的，可以按年龄划分，也可以按学历划分；还可以按职业、IP 地址、国籍等划分。比如，未成年人、高龄老人属于保护级账号，这样的账号将会被限制登录一些不适合他们年龄的平台和网站；外籍人士属于限制级账号，这样的账号将被限制登录一些涉及国家秘密的平台和网站；普通成年人属于一般账号，可以登录绝大部分的平台和网站；高级知识分子属于高级账号，其登录权限进一步放宽，权重更高；等等。

账号的等级由管理账号的权力机关依据相关法律法规来划分，账号的评分则由所有网民根据道德标准来评判。如果账号的主人是一个遵纪守法、道德高尚的人，那么他的账号可能会不断得到好评。反之，如果他是一个目无法纪、道德败坏的人，他的账号则可能会不断得到差评。

同时，账号的评分与账号的等级也存在一定关联。如果账号的评分低得不能再低，已经触碰到了底线，说明账号主人的品格一定有问题，他的账号将受到相应的处罚。比如，登录限制、大额转账限制、出行限制、言论限制、消费限制等。如果账号评分很高，说明账号主人的品格高尚，他的账号也将得到相应的奖励。比如发放奖金、考试加分、录取优惠、升职优先等。

账号的评分制也将成为未来权威的信用体系，取代当下零散的、片面的信用评价体系。当今的信用体系是一种狭隘片面的信用体系，主要体现个人在金钱领域有记录的行为，而许多无记录的行为以及其他各方面的行为都无法得到体现。这就好比一个小偷虽然每月都按时还清贷款，相关机构也因此给出了信用良好的评价，但他真的就是一个道德高尚、信用良好的人吗？再如，一个常年驾驶证都保持 0 扣分的老司机，真的是一位优秀的司机吗？说不定他是一位长期超时、加塞、走应急车道的低素质的司机，只是他懂得躲避交警的巡查和监控的抓拍而已。

所以，真正的信用体系一定不是由单一的行为来评定的，更不是自吹自擂、自我定性，由自己说了算，而是由广大群众说了算。所谓“路遥知马力，日久见人心”，群众的眼睛才是雪亮的。真正的信用体系是对一个人综合素质全面、客观、持久的考量，是一个人在较长时间和较广阔空间里所经历的众多人和事的集合，是其世界观与人生观的真实反映。

3. 国家数据库

数据将成为一种国家资源。未来，国库所储存的不再仅仅是实物资产，虚拟数据也将作为一种新的财富进入国库。所以，让核心数据牢牢掌握在国家手里将是未来的一项国之工程，这也是保证数据绝对安全的唯一办法。

当今，国内各大电商平台、社交平台、娱乐平台、办公平台、出行平台等所拥有的关于个人、社会、国家的各项数据已经相当庞大且非常详尽，而这些企业的股东很多是外国人、高管是外国人，甚至连注册地址都在国外。那么，它的数据安全如何得到保障？在某些极端的情况下，法律对于违法者而言只是一纸空文，所以如果只寄希望于让法律来保护我们的数据安全是绝对不够的。这与狼吃羊是一样的道理。于狼而言，它天生就要吃羊，虽然明知有风险，明知自己可能会被农户打死，但依旧还是要铤而走险，入圈抓羊，这是狼的本性；于农户而言，虽然可能打死了几只狼，但狼抓走了羊、吃掉了羊已成为事实，对自己造成的损失也已成为事实，而这种损失很可能是毁灭性的，无法弥补。

就现状而言，寻常普通数据的泄密可以说天天都在发生，严重的核心数

据泄密事件也不止发生过一两次。未来又会是怎样的一种状况，还不得而知。所以建立网民身份系统，虚实分开，将核心数据牢牢掌握在国家手里是十分必要的。国家成为数据管理的后台，互联网企业成为用户，企业可以使用海量的数据，但这些数据大多只是表面数据，不触及核心。这与当下的互联网模式其实是一样的道理。当下的互联网模式，企业是数据管理的后台，收集、掌握着用户的真实数据，而对外展示的则是虚拟的、表面的数据。比如，网名叫小张的人，我们只知道他叫小张，除此之外几乎一无所知，但企业知道小张的真实姓名、家庭住址、收入情况等。而数据国有化后，于企业而言，用户小张就是小张，除此之外的非必要信息别人无从知晓，所有关于小张的真实数据在国家数据库，掌握在国家手中。同时，对于一些真实数据的访问和获取，必须经过评估审核，获得批准后方可开放。就好比今天互联网平台对用户手机访问权限的获取一样，不同的是，未来的权限获取将更严谨、更规范。

对于羊的保护，最有效的方法不是防狼，而是护羊。所谓防不胜防，十个农户保护一百只露天的羊，不及一个农户保护一千只高墙内的羊。所以对于羊的安全，我们应将“羊圈”修得更高、更牢，而不是增加更多的农户来防狼。也只有高大坚固的围墙才能从根源上阻断狼的偷袭，从根源上消除安全隐患。

4. 商业模式的更新

在新商业模式完全到来之前，电商依旧是主流商业模式，也是目前最先进的商业模式。电商的先进主要表现在突破时间、空间与精力的限制，将交易的规模最大化，效率最大化。但凡事有利也有弊，在将“利”最大化的同时，“弊”也将被最大化。比如前面提到的售假问题。在传统线下模式中，一人一天只能在一两个地方卖出有限的假货。而在线上模式中，一人一天却能将假货售往全国，且售假数量可能是线下的数百倍、数千倍。

功过得失、是非利弊，电商的出现于我们究竟是一件好事还是一件坏事，似乎很难说得清楚。尤其是对实体店而言，如今实体店经济已处于风雨飘摇之中，越来越不景气，越来越难以生存。许多人认为是电商冲击了实体店经济，是电商造成了这样一种局面，但是如果仔细分析就不难发现其实并非完全如此。

首先，电商的诞生是必然的。电商是互联网的产物，而互联网作为一种先进的生产力，其出现是必然的，所以电商的诞生也是必然的。没有人能阻止生产力的发展，因此也没有人能阻止电商的诞生。

其次，电商的成长是必然的。电商自诞生以来就注定会迅速地成长并发展壮大。全球最大的线上电商平台亚马逊，比全球最大的线下零售公司沃尔玛晚成立了 30 多年，但其发展规模和市值却远超后者，这就是最好的证明。

最后，电商的出现是大势所趋，它不是某一个国家、某一个地区的特殊现象，全球的发展趋势就是如此。所以，国内电商平台的出现也是必然的。

和地摊经济一样，传统实体店的没落其实也是落后的商业模式跟不上高速发展的时代步伐的必然结果。与其怨天尤人，不如反思自己。究竟是电商在抢我们的饭碗，还是时代在砸我们的饭碗？究竟是电商商业模式在取代实体店商业模式，还是时代在抛弃实体店商业模式？

有人可能会问，为什么发达国家的电商没有对实体店造成如此大的冲击，没有出现像我们国家这样的一些现象？这是因为国内和国外的国情及社会环境不一样，所以造成的结果也不一样。比如，人口、收入、房租、文化、劳动力、物流运输、消费能力、制造能力等，还有最重要的法律法规及监管的问题。在国外，多账号运营、刷单、刷好评、刷排名这样一些非诚信、非正常的运营手段，在电商平台是明令禁止的，一旦违反，绝对会遭到重罚。

所以，电商出现的利弊在于有没有与之配套的法律法规来进行监管。如果有，它表现出的利可能就大于弊；如果没有，那么弊就可能大于利。

电商模式不是商业的终极模式，只是一种过渡，网商才是商业的终极模式。网商以数据的规范化和线上、线下的一体化为基础，也就是说，它既有完整完善的道德、法律监管体系，又有先进的、顶级的商品交易买卖模式，不再劳力伤神。彼时，大量的社会问题都将得以解决，新的商业模式应运而生，新的社会秩序悄然建立，一切都将焕然一新，一切都将以新的面貌、新的姿态呈现于世。

商业 4.0——网商时代的来临，将带给我们一个新的商业时代。